Stefan Luppold

LUPPOLDS LUPE

BEITRÄGE ZUR LIVE-KOMMUNIKATION

Stefan Luppold

LUPPOLDS LUPE

BEITRÄGE ZUR
LIVE-KOMMUNIKATION

WFA MEDIEN VERLAG

Bibliografische Information der Deutschen Nationalbibliothek
Die Deutsche Nationalbibliothek verzeichnet diese Publikation in der Deutschen Nationalbibliografie; detaillierte bibliografische Daten sind im Internet über http://dnb.dnb.de abrufbar.

ISBN Hardcover: 978-3-946589-23-5

© WFA Medien Verlag, Stuttgart, 2019
WFA Medien Verlag | Patrick Haag, Uhlandstr. 65, 71299 Wimsheim

Cover: Anne Carnein

www.wfa-medien-verlag.de

Vorwort

In die Zeitung von heute wickelt man morgen Fisch ein.

So oder so ähnlich wird im 1999 erschienenen Film *Notting Hill* über Neuigkeiten gesprochen, die aktuell hohe Aufmerksamkeit erzielen, wenige Stunden später jedoch in Vergessenheit geraten.

Das mag für Klatsch und Tratsch gelten, für das Wetter oder für Fußballergebnisse. Nicht so für uns an der Hochschule:

Hier arbeiten wir, zumindest in großem Umfang, mit Theorien und Ansätzen, Methoden und Modellen, die es teilweise schon seit vielen Jahrzehnten gibt. Sie werden so lange gelehrt und angewandt, bis sie durch neue Erkenntnisse an Relevanz oder Gültigkeit verlieren.

Die Redaktion der Branchenzeitschrift Convention International hatte mich vor mehreren Jahren um regelmäßige Beiträge gebeten. Die Reihe *Luppolds Lupe* war entstanden; die Benennung – das Vergrößerungsglas vor dem Autoren-Auge – stand für die detaillierte Betrachtung von bestimmten Fragestellungen der Live-Kommunikations-Branche.

Bei Vorlesungen und in Vorträgen stellte ich immer wieder fest, dass die Beiträge nicht an Bedeutung verloren, teilweise sogar, ganz im Gegenteil, wichtiger wurden. Manches war vielleicht vorausgedacht, anderes als Impuls geeignet. Innovation und Veränderung passiert nicht punktuell, sondern als Prozess, in einem Zeitraum.

In dem Wirtschaftsmagazin brandeins erschien 2011 der Beitrag *War doch schön!* – untertitelt mit *Viele Events bringen wenig.* Weil die Macher nicht nachdenken. Dabei könnte sich das sehr lohnen. Hat sich das heute, viele Jahre nach Erscheinen dieses Artikels, geändert? Vielleicht in Teilen – es lohnt jedoch nach wie vor, den Text von Christian Sywottek zu lesen (der im Übrigen online frei zugänglich ist).

Ich habe, gemeinsam mit dem WFA Medien Verlag und Patrick Haag (dem ich an dieser Stelle sehr herzlich für seine Unterstützung danke), Beiträge der vergangenen Jahre zusammengestellt und präsentiere sie in diesem Buch als kleines *Luppolds Lupe*-Kompendium. Sie sollen zum Nachdenken anregen, das eigene Tun reflektieren, zum Handeln auffordern und Chancen aufzeigen. Lesen Sie dabei gerne mit Ihrer eigenen Lupe: Es gibt viele Facetten und ganz selten eine singuläre Wahrheit!

Prof. Stefan Luppold
IMKEM Institut für Messe-, Kongress- und Eventmanagement

Inhalt

1	Jeder gegen jeden?	1
2	Unbesehen für gut befunden?	5
3	David oder Goliath?	9
4	Eine kleine Analogie zum Laubfrosch	13
5	Nachhaltigkeit – und was dabei oft vergessen wird	17
6	Wer sind denn diese Leute?!	21
7	Maßkonfektion für Konferenzen	25
8	„Verantwortung" ist der richtige und ganzheitliche Ansatz	29
9	Match Me If You Can!	33
10	Virtuelle Realität oder reale Virtualität?	37
11	Ein Hut, der niemals alt wird	41
12	Nachhaltigkeit – nachhaltig kommuniziert	45
13	Digital und MICE 4.0 – woher, wohin, wozu, weshalb?	49
14	Noch einmal MICE 4.0 – was kommt und was ist schon da?	53
15	Trends werden zu Innovationen – Transmission Possible!	57
16	Wiederholung ist die Mutter der Didaktik...	61
17	Co-Creation oder: Wie sich die Rollen von Kunden und Lieferanten verändern können	65

18 Blick nach vorne: die anwesende und die
   abwesende Zukunft   69

19 Reden, diskutieren, verhandeln, beschließen:
   der eigentliche Grund für Konferenzen   73

20 Simplify your Conference
   – weshalb weniger mehr sein kann!   77

21 Nachgedacht und diskutiert:
   Szenarien der digitalen Begegnung   81

22 Elektrisches Gefühl
   – was packe ich in meine digitale Toolbox?   85

23 Langsames Denken macht froh...   89

1 Jeder gegen jeden?

Eine der aktuellen Debatten in der MICE-Branche beschäftigt sich mit der Fragestellung, ob die „Störgröße Einkauf" das Miteinander von Agenturen und Unternehmen positiv oder negativ beeinflusst. Dabei wird sehr emotional agiert, es geht schließlich um Budgets! Aber eigentlich geht es um etwas anderes:

Im Geschäftsreise-Tourismus hatten wir diese Entwicklung schon vor Jahren – einem wachsenden Buchungsvolumen und damit auch steigenden Kostenblock wurden Prozesse, Richtlinien und Beschaffungskompetenzen verordnet. Es gelang, die Ausgaben erheblich und nachhaltig zu reduzieren. Und offensichtlich ohne andauernde Beeinträchtigungen.

Mit dieser Erfolgsgeschichte mag die Sehnsucht von Unternehmern verbunden sein, dies auch auf die Veranstaltungsbudgets zu übertragen – und die Einkaufsabteilungen auf den Plan zu rufen.

Es geht aber um viel mehr.

Höre ich „Einkauf", denke ich „Kosten-Cut". Selbstverständlich gehört zum Einkauf auch das Ausloten von Preis- und Leistungsspielräumen. Aber nicht nur, und nicht isoliert. Eine Einkaufsabteilung ist dann richtig aufgestellt, wenn sie sich mit Fachkompetenz in partnerschaftliches Team-Play begibt und, an der Seite der Veranstaltungsabteilung, den Beschaffungs- und Realisierungsprozess unterstützt. Hier ist bereits der erste reale Konflikt erkennbar: wer spielt eigentlich mit wem – und gegen wen? Also, ein Konzept mit dem Ziel des Kompetenz-Sharing bei gleichzeitig gemeinsamer Projektarbeit. Das geht nicht ohne interne

(Veranstaltungs-)Richtlinien, aber das ist im Zusammenhang mit anderen Beschaffungsvorgängen zumindest für mittlere und große Unternehmen nicht neu.

Dann muss allerdings auch Wissen und Verständnis auf der Einkaufs-Seite aufgebaut werden; kompetente Partnerschaft drückt sich nicht dadurch aus, dass durch das Eindampfen der Abendveranstaltung bei der Händler-Tagung Budgets reduziert werden.

Was aber muss der Einkauf kennenlernen, und weshalb sind solche internen Qualifizierungs-Prozesse oft so schmerzhaft? Nun, der „nüchterne Zahlenmensch" muss ein Gefühl dafür entwickeln, wie Veranstaltungen funktionieren und wirken, und weshalb Licht- und Tontechnik, Entertainment und Catering, Location und Unterkunft in der von uns angefragten und von einer Agentur entwickelten Gesamtkonzeption notwendig sind. Und einmal mehr richtet sich der Spot auf uns, die Experten: Sind wir denn in der Lage, die Frage nach dem Beitrag einer Veranstaltung zum Unternehmenserfolg hinreichend zu beantworten? Was sind die Ziele? Welche Elemente der Veranstaltung stützen diese Ziele, helfen, sie zu erreichen? Wie messen wir die Wirkung?

Möglicherweise ist der Diskurs mit „unserer" Einkaufsabteilung genau deshalb so herausfordernd, weil Fragen gestellt werden, die wir bislang so nicht vorgefunden haben. Eine Portion Rationalität, die in das kreativ-emotionale Geschäft rund um die Events Einzug hält. Und, noch einmal, ein normales und unternehmerisches Hinterfragen mit Blick auf Effizienz und Effektivität.

Am Ende dieses Wegs ist dann ein Szenario denkbar, das den Einkauf als „Advocatos Diaboli" in eine Rolle versetzt, aus der heraus sogar die Forderung nach einer

Leistungs- oder Budgetausweitung erwachsen kann, um das vorgegebene Ziel zu erreichen. Der Einkauf als „Instanz des Sicherstellens" eines Ergebnisses. Zugegeben, momentan eher Science Fiction, aber hinsichtlich der Aufgabenstellung einer Einkaufsabteilung nicht auszuschließen! Und vielleicht dann im Dreier-Sparring: Fachabteilung, Einkauf und externe Agentur.

Beitrag zuerst erschienen in: Convention International, 05/2010.

2 Unbesehen für gut befunden?

Am vergangenen Wochenende las ich die Stellenanzeigen in einer der großen überregionalen Tageszeitungen. Ich wollte mir einen Überblick verschaffen, inwieweit die dort angebotenen Aufgabenstellungen, die gesuchten Qualifikationen, in einem anonymisierten Prozess der Begutachtung und Auswahl zu einem positiven Ergebnis führen könnten. Oder, anders ausgedrückt: Wo gibt es Grenzen der Umsetzbarkeit für das Allgemeine Gleichstellungs-Gesetz (AGG), umgangssprachlich Anti-Diskriminierungs-Gesetz genannt.

Überraschend viele der Angebote waren in einer Form verfasst, die ein völlig anonymisiertes Bewerbungsverfahren möglich erscheinen lässt. Also kann beispielsweise „die Leiterin / der Leiter Finanzmathematik der Versicherungs-Gruppe" unter Vermeidung der Benachteiligung aus Gründen der Rasse, der ethnischen Herkunft, des Geschlechts, der Religion oder Weltanschauung, einer Behinderung, des Alters oder der sexuellen Identität gefunden werden.

Ohne diese Kriterien zu vernachlässigen, aber mit einem ganz anderen Schwerpunkt im Auswahlprozess, werden dagegen und ganz offensichtlich die Frauen und Männer identifiziert, die in der MICE-Branche auf vakante Positionen „passen". Charisma und Kommunikations-Kompetenz, positive Ausstrahlung und Fähigkeit zur Motivation, Einfühlungsvermögen und Teamfähigkeit sind, neben allen formalen Wissens- und Erfahrungs-Voraussetzungen, die erforderlichen Qualitäten. It's a peoples business!

Im Rahmen eines Projektes meiner Hochschule wurde das Berufsfeld für Bachelor-Absolventen des Studiengangs

„Messe-, Kongress- und Eventmanagement" analysiert. Fachkompetenz, konzeptionelle Kompetenz, Führungs- kompetenz, soziale und interkulturelle Kompetenz wurden untersucht. Dabei wurde bei den Gesprächen mit Experten deutlich, dass der Kompetenzbereich „Soziale und interkul- turelle Fähigkeiten" mit fast 50% Spitzenreiter der Anforde- rungen ist. Bei den parallel zu der Befragung untersuchten Stellenanzeigen lag dieser Wert sogar bei 65%!

Wie kann man als Personalverantwortlicher Empathie und Konfliktfähigkeit, Motivation und Leidenschaft für die Branche, Belastbarkeit und Kommunikationsstärke, Flexi- bilität und Anpassungsfähigkeit, Reflexionsvermögen und Engagement beurteilen? Reicht dazu ein anonymisierter Stapel an Zeugnissen einschließlich Lebenslauf?

Die Menschen, die uns in der MICE-Branche begeg- nen, mit denen wir Veranstaltungskonzepte entwickeln, die uns bei der Umsetzung von Ideen helfen oder mit ihren Netzwerken zur Seite stehen, sind der wichtigste Faktor im Produktionsprozess. Und ein Urteil, ob sie oder er passt, kann nicht anhand der Aktenlage erfolgen. So wie sich bestimmte Qualitäten in der Kommunikation nicht durch Video-Konferenzen substituieren lassen, so gilt hier das persönliche Kennenlernen, das direkte Gespräch, der eigen gewonnene Eindruck im Begegnen, als unverzichtbares Kriterium eines Beurteilungs-Rasters.

Mit FAM-Trips und Site-Inspections nutzen wir bewährte Instrumente, um uns – zusätzlich zu Print- oder Online-Infor- mationen – ein wirkliches Bild zu verschaffen, um uns mit einer Location oder einem Team vertraut zu machen. Es gibt keine Alternative dazu. Und nicht anders verhält es sich mit den Menschen, die wir für ein Miteinander in unserer Agentur, unserem Kongresszentrum oder in unserer

Veranstaltungsabteilung suchen. Das Allgemeine Gleichstellungsgesetz und die Bewerbungsunterlagen geben den Rahmen, das persönliche Gespräch das Bild!

Gerd Gigerenzer erläutert in seinem Buch „Bauchentscheidungen", dass der Gesichtsausdruck eines Menschen Hinweise darauf liefert, ob er vertrauenswürdig ist oder nicht. Wer würde also darauf verzichten wollen, diesen Gesichtsausdruck in einem Vorstellungsgespräch zu erleben – der, im Falle einer positiven Entscheidung, dann später auch unseren Kunden präsentiert wird?!

Beitrag zuerst erschienen in: Convention International, 01/2011.

3   David oder Goliath?

Nicht erst seit „von Guttenberg" ist es von Bedeutung, mit eigenen Recherchen, selbst entwickelten und begründeten Schlussfolgerungen und selbstverständlich unter Angabe der verwendeten Quellen zu arbeiten. Auch eine uns scheinbar geläufige Geschichte wie die von David und Goliath zählt dazu: meist als Beispiel, bereits schon für die eigenen Kinder in jungem Alter, dafür, dass man mit Klugheit (und dem richtigen Hilfsmittel) ausgestattet sein muss, um den Anderen, der (in der Regel?) körperlich überlegen scheint, auch besiegen zu können.

Allerdings variiert diese Geschichte in Wahrheit je nach Erzählendem und je nach Quelle. Tatsächlich berichten biblische Geschichten davon, dass der bereits zum zukünftigen König Israels gesalbte David den kräftigeren Goliath im Zweikampf dank einer Steinschleuder besiegte. Andere Quellen variieren im Inhalt: Goliath wurde nicht durch einen Stein getötet, er wurde erschlagen. Oder: Es war nicht David, sondern Elhanan aus Bethlehem, der den Sieg davon trug. Oder: Nicht Goliath, sondern dessen Bruder wurde getötet.

Reduzieren wir unsere Betrachtung auf den Umstand, dass es mindestens sinnvoll, manchmal auch entscheidend sein kann, seine persönlichen Kompetenzen und Fähigkeiten durch geeignete Mittel oder Maßnahmen so zu verstärken, dass sie im Verhältnis zu Mitbewerbern besser sind. Insbesondere für den engagierten Nachwuchs in der MICE-Wirtschaft soll das Gewicht haben, denn noch nicht vorhandenes Erfahrungswissen (woher auch, Erfahrungen werden, wie die Muskeln des Goliath, über die Zeit und durch regelmäßiges Training ausgebildet) muss kompensiert werden.

Die Schleuder des David ist dabei Sinnbild für Neues, für Innovation, für Modernität. So kann bei der Herausforderung – die Agenturpräsentation im Pitch als Aufmarsch der Gladiatoren – die Wahrscheinlichkeit des Erfolgs gesteigert werden. Denn hier, wie auch damals bei David und Goliath, gilt: Second Best is First Looser!

Die „Steinschleudern unserer Zeit" sind in unterschiedlichen Arsenalen zu finden. Nicht Umsturz und Revolution, sondern die Evolution traditioneller Veranstaltungsformate gilt es anzustreben.

Beispielsweise durch die Integration von Komponenten der Erfolgsevaluation. Das Messen von Ergebnissen zwingt schließlich auch – ob nun mit der viel diskutierten ROI-Methode oder mit alternativen Instrumenten – dazu, im Vorfeld die zu erreichenden Ziele tatsächlich zu benennen!

Oder die Hybridität von Events, die Einbeziehung von virtuellen Elementen in die Veranstaltungskonzeption. Wer, wenn nicht diejenigen, die sich selbst bereits von Kindes Beinen an in der realen wie der digitalen Welt bewegen?

Und, auch wenn es gefühlt überbewertet und damit in seiner Wirkung überschätzt scheint: Social Media als Baustein von Events. Diese Ausprägung unserer Netzwerk orientierten Gesellschaft hat sich ebenfalls durch Schüler VZ und Studi VZ als Teil eigenen Erlebens bei der jüngeren Generation herausgebildet und ist ein potenzielles Kompetenzfeld.

Machen wir also David Mut, den doch ohnehin stetigen Wandel in der Veranstaltungswirtschaft weiter zu führen, als Akteur und Input-Geber. Nicht aber, ohne David, als Voraussetzung für die Effekte seiner Innovationsleistung, das klassische Handwerkszeug mit auf den Weg zu geben. Die Schleuder ist wirkungslos, wird sie nicht im richtigen Moment benutzt.

Beitrag zuerst erschienen in: Convention International, 03/2011.

4   Eine kleine Analogie zum Laubfrosch

Wieder einmal präsentierte uns Apple neue Produkte: die aktuelle Generation der iPhones und eine Apple-Watch als „Wearable" lösten unterschiedliche Reaktionen aus. Begeistert zeigten sich die Fans des Technologie-Unternehmens aus Cupertino, eher enttäuscht die Börse. Bis heute sind Berichte und Gespräche, Diskussionen in Foren und ganz private Meinungsäußerungen dazu nicht abgerissen – unter anderem, weil sich wohl auch technische Mängel und Softwarefehler zeigen.

Also vielleicht abwarten und diese Generation auslassen, auf die kommende setzen? Die Experten nennen das „Leapfrogging". Interessant dabei ist, dass Steve Jobs, Ikone der Apple-Gemeinde, im Jahr 2007 bei der Präsentation des ersten iPhones ebenfalls von „Leapfrogging" sprach; er meinte damit die Chance für Kunden, durch die neue und hoch integrierte Technologie seines Unternehmens gleich mehrere Generationen der mobilen Endgeräte überspringen zu können.

Wie ist das bei uns in der MICE-Branche mit Neuerungen, gerade im technischen Bereich? Auch hier finden wir zwei typische Glaubensrichtungen:

Der Homo Innovatus giert nach Gadgets, ist First Mover was Technologie-Spielzeug angeht und möchte immer vorne mit dabei sein. Für ihn haben Innovationen den Charakter von Symbolen.

Der Homo Scepticus zweifelt an der Sinnhaftigkeit von Fortschritt, stellt dessen Nutzen in Frage und gibt sich veränderungskonservativ. Er ist maximal Follower und bleibt als Traditionalist dem verbunden, das er kennt.

Wer hat Recht?

Schauen wir uns das am Beispiel von Interaktions-Tools an, wie sie etwa von Gahrens+Battermann's „Interactive" mit vielerlei Funktionen angeboten werden. Wir können dort Agenda und Teilnehmerlisten verwalten, in mehreren Ebenen weiterführende Informationen hinterlegen, Kommunikation während der Veranstaltung integrieren, dazu zählen auch Voting-, Kreativitäts- und Interaktions-Funktionen, und vieles mehr.

Die ersten dieser Systeme – wir besitzen an der Hochschule noch eines davon – sahen aus wie Garagentor-Öffner: kleine Kunststoffboxen mit vier Tasten in unterschiedlichen Farben, das klassische Modell für einfache Abfragen und Abstimmungen.

Einen großen Leistungs-Sprung lösten die „intelligenten" mobilen Endgeräte aus, mit denen Smartphones Einzug in die Tagungshäuser hielten. Als Leihgeräte zu Beginn der Veranstaltung ausgegeben und am Ende wieder eingesammelt.

Die nächste Stufe in der Evolution interaktiver Kongresse ist die der Apps. Wir nutzen unsere eigenen Geräte (was die MPI-Kollegen aus den USA „bring your own device" nennen) und installieren dort ein spezifisches Programm, mit Hilfe dessen die vom Veranstalter gewünschten Funktionen ermöglicht werden.

Von hier aus nicht mehr weit, quasi eine kleine Zwischenstufe, ist es, die noch proprietären Informationsinseln abzuschaffen: die Teilnehmer, zunächst in einem eigenen Verzeichnis, finden sich automatisch auch in dem von mir bevorzugten sozialen Netzwerk wieder (z.B. XING), die Abstracts der Referenten in einem Ordner in meiner

Daten-Wolke, die Verbindungsdaten „Referenten" und „Veranstalter" trage ich in meinem virtuellen Adressbuch mit mir. Und so weiter.

Also jetzt einsteigen in das Thema – oder abwarten, bis im Frühjahr 2015 die Apple-Watch auch noch mit Keyless-Funktionen Zutritt und Anwesenheit organisiert, die Tür des Hotelzimmers öffnet und über die integrierte Pulsmessung ein Teilnehmer-Feedback live an den Vortragenden liefert?

Weshalb nicht so: Nehmen wir uns doch die momentan verfügbaren Optionen und durchdenken deren Sinnhaftigkeit, analysieren sie hinsichtlich der Verbesserungspotenziale für unsere Veranstaltungs-Designs, überlegen mit Verstand, wo und wie wir sie einsetzen können – bewerten mit dem Blick auf die Unterstützung, der Absicherung unserer Veranstaltungsziele. Dies gilt im Übrigen nicht nur für technologische Innovationen, sondern auch für Formate wie World Café, für außergewöhnliche Veranstaltungsorte, für Rahmenprogramm-Konzepte, für Catering-Ideen,...

Nicht jede Sau durchs Dorf treiben. Aber gerne dann, wenn wir einen Mehrwert für unsere Veranstaltung daraus generieren können. Und fehlende Funktionalitäten sind Impulse für eine Weiterentwicklung. Der Laubfrosch hat schließlich drei Optionen: springen, überspringen – oder, wenn das passt, auf dem Platz verharren.

Beitrag zuerst erschienen in: Convention International, 02/2014.

5 Nachhaltigkeit
– und was dabei oft vergessen wird

In allen relevanten Branchenstudien finden wir – teilweise schon seit mehreren Jahren – Hinweise auf die Bedeutung von Nachhaltigkeit für die MICE-Branche. Alle Verfasser legen dabei wert darauf, Nachhaltigkeit mit allen Dimensionen aufzuführen und betonen, dass es eben nicht nur um die Ökologie, sondern auch um Ökonomie und Soziales gehe.

Mir selbst begegnete dieses Thema im Jahr 2007 in sehr ausgeprägter Form:

Das ExCeL, ein oder eigentlich „das" Messe- und Kongresszentrum in London, hatte Nachhaltigkeit für sich entdeckt. Ausstellern wurde mitgeteilt, dass an Auf- und Abbautagen nicht geheizt werde, da durch das ständige Öffnen der großen Tore zu viel Energie verloren geht. Das Eigentum an dem für ExCeL zuständigen Elektrizitätswerk wurde erworben, um eigenverantwortlich einen möglichst ökologisch optimalen Betrieb gewährleisten zu können. Und statt der Einweg-Teppichböden wurde für Messen etwas höherwertige Auslegeware eingesetzt, nach den Veranstaltungen dann auf Zimmer-Größe zugeschnitten und an die bedürftigen Bewohner in den Docklands kostenfrei abgegeben.

Noch weitaus mehr Aktivitäten schilderte die Marketing-Verantwortliche aus London in ihren Vorträgen – eingeladen wurde sie nun hauptsächlich, um über dieses nachhaltige Engagement zu sprechen, es wurde zu einer Erfolgsstory der Unternehmenskommunikation. Ganz offensichtlich zeigte sich wieder die Bedeutung des Lehrsatzes: „Tue Gutes und rede darüber!".

Erinnert wurde ich an diese nun schon einige Zeit zurück liegende Nachhaltigkeits-Kampagne durch ein erst kürzlich mit einem Freund geführtes Gespräch. Wir unterhielten uns über den großen Kongress eines Weltverbandes unserer Branche, im Jahr 2004 hatten wir ihn gemeinsam besucht. Leider konnten wir lediglich eine sensationelle Abendveranstaltung und die uns sehr ergreifende Abschlussrede eines Friedensnobelpreisträgers memorieren. Mehr war nicht hängen geblieben, weder Themen oder Inhalte noch Referenten.

An dieser Stelle sollten wir uns Gedanken machen über das, was wir Nachhaltigkeit nennen. Eine Begriffs-Etymologie führt uns nicht zu „Nachhallen", was mich persönlich ob der schon als Kind erlebten akustischen Situation in Höhlen oder Schluchten besonders freuen würde – ist doch dort laut Gesprochenes oder Gerufenes „längere Zeit andauernd". Längere Zeit andauernd charakterisiert Nachhaltigkeit und wird doch noch nicht auf die Ziele unserer Veranstaltungen beziehungsweise deren Ergebnisse bezogen.

Nachhaltigkeit besitzt also eine vierte Dimension, die sich bei Meetings und Konferenzen, bei Tagungen und Kongressen, auf einen Lern-Erfolg bezieht. Und für die sehr viel Aufwand betrieben wird, mit zeitlichem und finanziellen Investment. Ob nun Mitglieder wissenschaftlicher Verbände und ein Erkenntnisfortschritt nach deren Jahreskonferenz, ob neue Mitarbeiter während der „On-Boarding"-Woche oder das Vertriebs-Team beim Produktportfolio-Update-Workshop: immer geht es um einen Erwerb von Kenntnissen und Fertigkeiten.

In unserer Veranstaltungs-Welt im Hier und Jetzt stellt sich die Frage, wer die „Nachhaltigkeit des Lernens" plant und steuert. Wer verfügt über Kompetenzen, mit Hilfe derer bei der Konzeption und Inszenierung auch absichtliches (itentionales) oder beiläufiges (implizites) Lernen bewusst eingebaut werden kann? Wer ist in der Lage, Lernfortschritte als Zielgröße zu quantifizieren und deren Erreichen auch zu messen, also den Lernerfolg zu einem Bestandteil des Controlling oder der Evaluation zu machen?

Der Begriff Lernen an sich ist verbunden mit der Qualität einer relativ stabilen Veränderung des Verhaltens, Denkens oder Fühlens. Also einer nachhaltigen Veränderung! Das streben wir, unausgesprochen, auch an, wenn wir Menschen zusammenbringen. Der Prozess des Lernens soll Wirkung zeigen, die bleibt.

Ganz bestimmt sollten wir uns, dies beziehe ich auch auf die Arbeit an Hochschulen, ein wenig mehr mit der Nachhaltigkeit von Veranstaltungen im Kontext des Lernens beschäftigen, uns methodisch aufrüsten oder zumindest an der einen oder anderen Stelle des kreativen Gestaltens von Formaten und Inhalten mehr über deren Wirkungen nachdenken.

Das geschieht bereits, vermutlich nicht immer bewusst, durch neue Formen der Begegnung und durch die Integration von Interaktion. Plenarvorträge ergänzt um (wirkliche) Workshops mit (wirklicher) Gruppenarbeit, World-Café-Sessions oder auch Erlebnisse mit Abstimmungen und Schwarm-Effekten. Mehr davon, möglichst gezielt und methodisch sauber, kann nicht schaden.

Letztlich, ziehen wir die Begriffe Effizienz und Effektivität heran, unterstützt die Nachhaltigkeit des Lernens direkt die ökonomische Nachhaltigkeit, womit wir uns wieder bei einem der drei uns vertrauten Bestandteile befinden. Das Richtige tun und das richtig tun hat, wie schön, auch wirtschaftliche Auswirkungen.

Beitrag zuerst erschienen in: Convention International, 03/2014.

6   Wer sind denn diese Leute?!

Sehr gut erinnere ich mich an eine Tagung, bei der es auch um Weiterbildungs-Inhalte ging. Eine der angebotenen Sessions trug „PowerPoint richtig nutzen" als Überschrift und fand, offensichtliches an der Teilnehmerzahl abzulesen, großen Zuspruch. Der Vortragende, ein exzellenter Kenner der Materie, begann mit einer kleinen Aufwärm-Runde und fragte die Anwesenden, ob sie denn alle über eine entsprechende Lizenz dieser Microsoft-Anwendung verfügten. Dies wurde, ausnahmslos, bestätigt.

Dann, eher spontan und als Übergang zum eigentlichen Fachvortrag gedacht, folgte eine Zusatzfrage: „Wer von Ihnen arbeitet denn täglich mit PowerPoint?" Keine Hand ging nach oben. „Und ab und zu, einige Male im Monat?" Nur sehr vereinzelt gab es positive Bestätigungen aus dem Plenum. Der Fragende wirkte entsetzt, verwirrt – hatte er doch, dem Briefing des Veranstalters entsprechend, eine Stunde mit Tipps und Tricks für erfahrene User vorbereitet. Mit wieder gewonnener Fassung begann der junge Mann dann mit der Erläuterung der ersten Schritte, präsentierte die Grundlagen der Gestaltung von Folien und erntete am Ende großen Beifall. Es war noch einmal gut gegangen.

„Zielgruppenaffinität als Determinante beim Veranstaltungs-Layout" kann man das nennen, was uns in der Live-Kommunikation zu erfolgreichen Marketing-Events und Kongressen verhilft. Dabei geht es unter anderem darum, die Erwartungen der Teilnehmer richtig einzuschätzen, in deren Perspektive zu wechseln, sie zu verstehen. Das erfordert mehr als mechanisches Abarbeiten im Sinne eines optimalen Projektmanagements – ist aber auch nicht durch Kreativität und Modernität, durch Extravaganz oder die bloße Gestaltung entlang von Trends leistbar.

If you can`t measure it, you can`t manage it." Peter F. Drucker definierte mit dieser Aussage eine Verbindung zwischen Veranstaltungszielen und Veranstaltungserfolgen (in seinen Publikationen geht der 2005 verstorbene US-amerikanische Ökonom allgemein auf die Management-Theorie und -Praxis ein, ohne die MICE-Branche zu erwähnen – wir dürfen uns jedoch dieses Ansatzes bedienen!). Die Ziele selbst stehen in einem Verhältnis zur Zielgruppe: ob nun „Image-Zuwachs" oder „Loyalitäts-Steigerung", „Lernfortschritt" oder „Motivations-Stimulierung", es geht um eine Veränderung vom Status vor zum Status nach der Veranstaltung.

In welchem Zustand sich unsere Target Group befindet ist dabei essentiell für die Antwort auf die Frage, wie wir Ziele definieren und durch geeignete Veranstaltungen erreichen können. Hierbei hilft uns, nicht generell, aber in vielen Fällen, die analytische Komponente der Vor-Veranstaltungs-Kommunikation (Pre-Communication). Über Blogs und Diskussionsforen tauschen sich potenzielle Teilnehmer untereinander aus oder chatten mit Experten (die später in der Rolle von Referenten, Trainern etc. vor Ort in Kontakt sein werden), legen dabei ihre Erwartungshaltung offen, thematisieren für sie wichtige Schwerpunkte und zeigen offenkundig, wie sie erreichbar sind. In anderen Konstellationen sind es Vertriebsmitarbeiter, Servicetechniker oder Pharmareferenten, die – als Schnittstelle in der Unternehmens-Kommunikation – dieses Funktion als Teil ihrer täglichen Arbeit ausführen und daher eine „Quelle der Erkenntnis" darstellen. Sie können, ja müssen sogar befragt werden! Sie wissen, wer diese Leute sind.

Es klingt einfach und fast schon banal, diesen Extra-Weg zu gehen, die im Fokus stehenden Menschen so verstehen zu lernen, dass durch eine Übertragung auf Form und Inhalt von Veranstaltungen ein optimales Ergebnis erreicht wird. Doch bleibt es, der Schnelllebigkeit unserer Zeit geschuldet, häufig zu wenig beachtet.

Wir wissen von diesem Umstand: Veranstalter planen die „Hidden Agenda" und verhelfen den Teilnehmern zu erhofften Freiräumen; Kongresszentren erweitern ihre Foyers, weil dort Begegnungen erwartet werden. „Die Pausen sind das Wichtigste!"

So finden dann Trends, wie etwa in der aktuellen Studie des GCB identifiziert, eine zielgerichtete Umsetzung mit Wirkung. Interaktion dort, wo sinnvoll. Technologie dann, wenn dem angestrebten Ergebnis zuträglich. Und für den Chief Finance Officer des Dax-Unternehmens vielleicht Stockbrot vom Lagerfeuer statt Carpaccio von der Ananas. Weil wir wissen, wer diese Leute sind!

Beitrag zuerst erschienen in: Convention International, 01/2015.

7   Maßkonfektion für Konferenzen

Dass Anbieter ihre Position am Markt durch Innovationen (oder oft auch nur Variationen: Produkte werden verändert, aber nicht wirklich verbessert!) zu stärken versuchen ist bekannt. Dies gilt auch für die MICE-Branche, wenngleich es für die dortigen Dienstleister weitaus schwieriger ist, ihre Produkte sind ja nicht begreif-bar und entfalten ihre Wirkung erst beim Einsatz, während sie ge- oder verbraucht werden.

Ein Grund, weshalb Technik-Dienstleister bei Roadshows ihre interaktiven Teilnehmersysteme präsentieren, Event-Caterer mit Aussage starken Bildern ihre Trendorientierung kommunizieren und Agenturen auf erfolgreich realisierte Veranstaltungen mit Referenzkunden verweisen. Und für Veranstaltungsstätten nach wie vor der Compliance gebeutelte Fam Trip ein Wirkung versprechender Ansatz ist, die potenziellen Auftraggeber mit der erwartbaren Leistungsqualität des Hauses vertraut zu machen.

Ein aktuelles Erfolgsbeispiel dafür ist die Veranstaltung Event Technology Challenged, zu der die historische Central Hall Westminster Entscheider in die eigene Location lädt – und dabei deren Ambiente wie auch Modernität erlebbar macht, getragen von einem hoch aktuellen Thema. Der Claim Meet The Future @ Central Hall ist hier auch Radiergummi für Vorurteile, dieses 1911 eröffnete Mehrzweck-Gebäude betreffend.

Veränderungen bringen immer wieder die Frage auf, inwieweit denn Veranstaltungen – in diesem Zusammenhang insbesondere Meetings, Konferenzen, Tagungen und Kongresse – einen detaillierten (externen) Planer benötigen, einen Dienstleister, der sich um Raum und Reise, um

Kaffee und Videoprojektor kümmert. Sind unsere Veranstaltungen denn in der überwiegenden Zahl der Fälle nicht von der Stange buchbar? Eventuell mit ein wenig intelligenter Hilfe eines qualifizierten Portals?

An dieser Stelle muss diskutiert werden, welche Leistungen für eine erfolgreiche Veranstaltung erforderlich sind – und ob das tatsächlich per Knopfdruck und aus dem Regal möglich ist. Oder ob die externe Hilfe eines Experten sinnvoll ist, da etwas maßgeschneidert sein muss (im Englischen steht bespoke für maßgeschneidert – das impliziert das Besprechen einer Ausgangslage, das gemeinsame Suchen und Finden einer optimalen Konfiguration).

Die Tagungshotellerie hat schon vor zwei Jahrzehnten mit ihren Kongress-Paketen gezeigt, dass eine Vor-Konfektion möglich ist. Die Pauschalen machten es auf der einen Seite möglich, Veranstaltungen rasch und einfach zu kalkulieren; daneben ist darin all das enthalten, was im Normalfall auch benötigt wird. Kommunale Tagungs- und Kongresszentren mussten rasch nachziehen und davon Abschied nehmen, jede Schuko-Steckdose einzeln zu fakturieren. Ein Glück!

Wenn nun Portale eine Form der Maßkonfektionierung anbieten, ist das nicht wirklich verwunderlich; diese MICE-Variante des IKEA-Küchenplaners ist bereits bei vielen Messeveranstaltern, erfolgreich, im Einsatz:

Aussteller buchen sich die benötigten Leistungen selbständig, kopieren aus früheren Messeteilnahmen und aktualisieren nach Bedarf. Es bleiben wertige Beratungsthemen für den persönlichen Kontakt, etwa die Platzierung des Messestandes.

Für Konferenzen und Kongresse können Booking Engines Budgetspielräume schaffen:

Das Übliche wird ohne großen externen Aufwand eigenverantwortlich organisiert, dem Besonderen darf externe Unterstützung zu Teil werden. Dabei sollte sicherlich den Veranstaltungszielen – an Stelle von Cateringbeauftragung und Locationsuche – besondere Aufmerksamkeit gewidmet werden.

Budgetspielräume für didaktischen Support, um

- Spielräume für die eigene Wissenskonstruktion (der Teilnehmer) einzuplanen,
- Konzepte zur Verbindung mit Vorwissen und Vorerfahrungen zu schaffen,
- Interaktion zur Konsensbildung und dem Aushandeln von Bedeutungen zu konstituieren,
- die Teilnahme als Prozess zur Wissens- und Netzwerkerweiterung zu erfahren.

Das Wie unserer Veranstaltungen beantworten wir mit Projektmanagement-Tools, Erfahrung und durchaus auch Leidenschaft. Das Weshalb rücken wir stärker in den Fokus, setzen Ziele und messen den Erfolg. Ein Wodurch muss weiter ausgebildet werden. Auf uns warten spannende Disziplinen wie Lernpsychologie und konstruktivistische Didaktik. Letztlich unterstützen sie damit auch das, was wir als nicht substituierbar sehen: die Begegnungskommunikation!

Beitrag zuerst erschienen in: Convention International, 02/2015.

8 „Verantwortung" ist der richtige und ganzheitliche Ansatz

In den vergangenen Jahren wurden uns in der Veranstaltungswirtschaft immer wieder neue Orientierungshilfen für unser Schaffen gegeben – mal als zusätzliche Gedanken, mal als Paradigmenwechsel. Fast mit der Regelmäßigkeit, in der Persil wieder ein verbessertes Waschmittel präsentiert.

So wuchsen wir in eine Welt der Green Meetings und Events hinein und haben uns über die Sinnhaftigkeit von CO_2-Kompensation gestritten – in einer Branche, in der 80% des Ausstoßes durch die An- und Abreise generiert wird. Wir haben Konzepte für Local oder Regional Food entwickelt und LED-Beleuchtungen installiert.

Dem folgte, ich möchte ausdrücklich betonen glücklicherweise, das umfassendere Modell der Nachhaltigkeit oder Sustainability. Mein Kollege Ulrich Holzbauer – er und viele andere haben dazu publiziert – erläutert in seinem Buch „Events nachhaltig gestalten", dass auch die wirtschaftliche und die soziale Dimension eine Rolle spielen. Also drei Perspektiven, die sich – wie schön – nicht immer nur gegenseitig ausschließen, sondern sogar unterstützten können (wie etwa die LED-Beleuchtung, die auch wirtschaftlich sinnvoll ist!).

All die Schulungen und Zertifikate, Sonder-Konferenzen und Fachartikel zu Green und Nachhaltigkeit wurden von Anglizismen begleitet, die sich mit weiteren Themen als Vorschläge – oder sogar verbindliche Anweisungen – für unser Handeln beschäftigen:

Da ist Corporate Social Responsibility als Ansatz, der andockt und gleichzeitig überlagert, den Unternehmen (allen, also nicht nur denen unserer Veranstaltungsbranche) Pflichten zuschreibt, die über Eigenkapitalrentabilität, Cashflow und EBIT hinausgeht.

Da ist Corporate Governance, als rechtlicher und faktischer Ordnungsrahmen für die Leitung und Überwachung eines Unternehmens. Mitbestimmung und Aufsicht als Themen – und ein ganzheitliches Verständnis von Anspruchsgruppen (öfter bezeichnet als Stakeholder).

Da ist Compliance – die Einhaltung bzw. das Befolgen von Verhaltensmaßregeln, Gesetzen und Richtlinien. „Nein, wir machen keine Veranstaltung für Mediziner" gilt nicht länger als Ausschlusskriterium für die Relevanz von Compliance; sie ist allgegenwärtig, bestimmt in weiten Bereichen bereits die Konzeption unserer Veranstaltungen und darf nicht länger, wie es die Compliance-Definition in der Physiologie zum Ausdruck bringt, als ein Maß für die Dehnbarkeit interpretiert werden (...geht schon noch...).

Jenseits dieser Begriffe befassen sich unsere Studenten im Kontext von Unternehmensführung und Strategischer Planung mit Unternehmenskultur, Unternehmensvision, Unternehmensleitbild (oder Mission Statement) – und damit den existenziellen Grundlagen: wer bin ich, weshalb bin ich, was will ich (tun).

Ist es nicht augenfällig, dass die am Anfang dieses Beitrags genannten Gegenwarts-Themen alle auf diesen langfristig angelegten und an den Hochschulen lange schon gelehrten, in der Management-Literatur lange schon publizierten Grundlagen fußen, dort ihre Basis finden und ihren elementaren, logischen Halt? Und damit auch – nochmals ein Griff in die Anglizismen-Kiste – auch Corporate Identity und Employer Branding als Teil eines großen Ganzen erklären?

Also: Nachhaltiges Verhalten beispielsweise lässt sich bei vielen Unternehmen unserer Branche schon aus dem Leitbild erkennen, ist Teil der Kultur und kein Pseudo-Modernismus. Es unterstützt die Marke auch auf dem Arbeitsmarkt, es ist (oder wird) Teil der Kultur und formt die Identität des Unternehmens, verleiht ihm ein Gesicht.

„Lieber Geld verlieren als Vertrauen" sagte einst Robert Bosch. Weshalb fällt mir da VW ein? Ziehen wir eine große Klammer und schreiben Verantwortung darüber, dann lässt sich mit einem einzelnen Begriff all das Gesagte zusammenfassen. Die positive Weiterentwicklung unserer Branche wird maßgeblich davon beeinflusst, dass zukünftig Menschen bereit sind, diese Verantwortung zu übernehmen.

Beitrag zuerst erschienen in: Convention International, 01/2016.

9   Match Me If You Can!

In einem Seminar mit Studenten des sechsten Semesters sprachen wir über Zukunft – die von Konferenzzentren, von Dienstleistungsprodukten der MICE-Branche und von Messeständen. Wir kennen die Trends und das ist Antrieb genug, weiterzudenken und zu überlegen, was in den nächsten fünf, zehn oder 15 Jahren sein wird. Das hat zu tun mit einer der Definitionen von „Planung", die lautet: „Prospektives Denk-Handeln"!

Just in diesem Zusammenhang entstand die Frage, weshalb denn jemand aus dem Kreis dieser jungen Menschen, allesamt angehende Veranstaltungsakademiker, zu einem Kongress, einer Tagung oder einer Konferenz gehen würde. Was könnte die Motivation, der Antrieb, der Grund dafür sein, sich anzumelden, dort hinzufahren, teilzunehmen?

Nicht unerwartet und trotzdem interessant ist die Antwort: Als wichtigsten Grund nannten die Studenten die Erweiterung des eigenen Netzwerks, den Auf- und Ausbau von Kontakten und die Zusammenkunft mit existierenden Buddies zur Pflege bestehender Verbindungen. Content im Sinne von Lernen, Wissen etc. spiele dabei eine nachrangige Rolle, schließlich könne man das ja nachlesen, im Livestream verfolgen oder in der Mediathek anklicken.

Dass diese Aussage belastbar ist, zeigen uns die Konzepte neuer Veranstaltungsstätten, ob kommunale Kongresszentren oder Tagungslocations von Unternehmen und Verbänden – mit mehr räumlicher Flexibilität für Begegnungen und weniger reinem Plenum. Ohnehin ist eines der Szenarien das des kaum besetzten Großen Saales bei gleichzeitig gefüllten Foyers – mit Teilnehmern, die das Geschehen auf der Bühne via Tablet-PC verfolgen, während sie sich mit Kollegen, Freunden oder anderen Teilnehmern unterhalten.

Begegnung in dieser Form ist, Stand heute, nicht substituierbar. Deshalb müssen die Veranstaltungsschaffenden, die Eventgestalter, Konzepte und Inhalte noch mehr auf die sogenannten Zwischenräume ausrichten. „Warum sind unsere Bildungsveranstaltungen so voll mit Programm und so arm an Zwischenraum für Prozesse des Begegnens, der Beziehung, der Reflexion?" fragt Hans-Joachim Gögl, in dem von Michael Gleich herausgegebenen Buch „Der Kongress tanzt". Sein Beitrag heißt sinnigerweise „Das Einzige was stört, ist die Zeit vor und nach der Pause".

Um nun diese Zwischen- oder Freiräume sinnvoll zu füllen, können weiterhin die traditionellen Rahmenprogrammpunkte eingebaut werden. Besser ist es, den Fokus auf das „Matching" zu richten – die Teilnehmer zusammenzubringen, deren Interessen passen, die sich etwas zu sagen haben, deren Profile übereinstimmen. Und das nicht in der Tradition von quantitativen Speed-Dating-Sessions (möglichst viele Kontakte in vorgegebener Zeit), sondern vielmehr mit der Eleganz eines „Parship für Events".

Das Abgleichen von komplementärem Wissen steuert gezielt Kontakte – bis hin zu Vieraugengesprächen und organisierten Lunchgruppen. Matching dient insbesondere einer bestmöglichen Vernetzung zwischen den Teilnehmern. Vielleicht sogar mit individuellen Agenden – was wir heute, in einfacher Form, schon durch eine Vielfalt an Workshopthemen oder spezifische Diskussionsforen haben.

Mit dem Konstrukt des Matchmaking müssen wir uns zweifelsfrei intensiver beschäftigen, um die richtigen Ansätze in der Planung von Kongressen, Tagungen und anderen Veranstaltungen zum Einsatz zu bringen. Lernen lässt sich das durch einen Blick auf die hochrangigen Wirtschafts- und Wissenschaftskonferenzen unserer Zeit, bei denen genau dies im Mittelpunkt steht.

Begleitet werden sollte das unbedingt von einer qualitativen Diskussion, die über „Zufall oder Absicht" geführt wird. Effizienz durch gezieltes und ausgewähltes Zusammenbringen ist angesichts knapper Zeit angesagt; das bedeutet die richtigen, passenden Teilnehmer miteinander zu vernetzen, zusammenzuführen.

Doch sind Schicksal, Bestimmung oder Fügung als Mechanismus des Kennenlernens in einigen Fällen durchaus attraktiver und stiften so manche spannende und lange anhaltende Verbindung.

Beitrag zuerst erschienen in: Convention International, 02/2016.

10 Virtuelle Realität oder reale Virtualität?

Gerade zu Ende gegangen ist die gamescom 2016 in Köln. Über 500.000 Besucher waren dazu in die Domstadt gereist, über 345.000 Gäste durfte die Koelnmesse in ihren Hallen begrüßen. Heroes in New Dimensions war das diesjährige Leitthema – anscheinend sind für Digital Natives und Digital Immigrants gleichermaßen die virtuellen neuen Dimensionen so interessant, dass man dazu die traditionellen realen bemüht. Und offensichtlich lässt sich vieles, aber nicht alles digital substituiert.

Neu ist die zunehmende Verzahnung der Wirklichkeiten – kann man denn von „richtiger" und „falscher" sprechen? Da jagen konservative Bankangestellte in ihrer Mittagspause Pokémons und verursachen durch Unachtsamkeit Verkehrsunfälle; da setzten sich Besucher im Europa-Park in den Alpenexpress Coastiality und erleben eine reale Achterbahnfahrt mit Bildern, die aus einer VR-Brille stammen.

Schon vor Jahren hat der Kölner Manfred Lütz, Facharzt für Psychiatrie und Psychotherapie, Nervenarzt und Theologe, auf Phänomene hingewiesen, die sich aus diesen teilweise parallel stattfindenden Wirklichkeiten herausbilden. In seinem Buch „Bluff! Die Fälschung der Welt" berichtet er von Menschen, die auf Grund eines gespielten Todesfalls in einer ihrer Lieblings-Soap-Operas tieftraurig sind – wohingegen der leblos aufgefundene Nachbar keine Gefühlserregung verursacht.

Es bleibt spannend zu beobachten, in welcher Form sich dieses Verweben von virtueller und realer Realität in unserer Welt der Messen, Kongresse und Events fortsetzen wird. Noch gelten hybride Formate als ein Mischungsverhältnis, bei dem das reale Erlebnis, das wirkliche Treffen, die persönliche Begegnung in einem existierenden Raum, als zentrales Element steht – ergänzt um virtuelle Beigaben, vorher, hinterher oder auch währenddessen.

So rüstet die eine oder andere Sport-Arena um, reduziert die Sitzplätze zu Gunsten von individuellen Monitoren für die Fans, damit das mit eigenen Augen beobachtete (und mit eigener Stimme bejubelte) Tor dann auch aus diversen Kameraperspektiven und in Slow-Motion noch mehrere Male genossen werden kann. Der Verlust an Sitzplätzen wird durch höhere Ticketpreise und ein gesteigertes Maß an Zufriedenheit überkompensiert.

Klar ist, dass wir uns dieser Entwicklung nicht entziehen werden: sie hilft uns dabei, noch intensiver die Sinnhaftigkeit der realen Begegnung zu hinterfragen und diese noch besser, noch wirkungsvoller als bisher auszugestalten. Zum Beispiel durch professionelles Matchmaking, über das ich in der Ausgabe 2/2016 geschrieben habe.

Und ebenfalls klar ist, dass uns zeitliche wie finanzielle Restriktionen dazu treiben, manches Meeting durch eine Telefonkonferenz, manche Diskussionsrunde durch eine Skype-Session zu ersetzen. Aber müssen wir davon ausgehen, dass in naher Zukunft die Teilnehmer eines Kongresses mit VR-Brillen im Saal sitzen und sich der Redner mit seiner Keynote an eine Gruppe wendet, die ihn vielleicht noch bio-mechanisch (also mit ihren eigenen Ohren) hört, aber nicht mehr sehen wird? Muss der Redner denn dann überhaupt noch persönlich anwesend sein? Und die Teilnehmer? Einfach nach dem Mittagsschlaf auf der heimischen Couch rasch die Brille aufgesetzt und schon wieder online und mitten im Kongress?

Unterwegs dorthin sind wir schon, mit Apps und Siri, mit Wearables und bald auch mit Google Glasses. Die

Technologien, die Werkzeuge sind das Eine – deren Nutzung in unserer Branche das Andere. Das Andere können wir steuern, wenn wir uns mit dem Einen offen und vorurteilsfrei beschäftigen. Ich persönlich freue mich auf bessere Veranstaltungen durch sinnvoll kombinierte reale und virtuelle Bestandteile.

Bei der Frage nach dem derzeitigen Wetter in Ravensburg schaue ich, wie immer, zunächst aus dem Fenster und antworte dann. Ich will jedoch nicht verschweigen, dass es Menschen gibt, die trotz Sonnenschein von Regen berichten... weil das ihre Wetter-App anzeigt.

Beitrag zuerst erschienen in: Convention International, 03/2016.

11 Ein Hut, der niemals alt wird

Vor etwa einem Jahr trafen sich unter meiner Leitung einige Professoren, die an ihren Hochschulen einen Veranstaltungsmanagement-Schwerpunkt haben. Diskutiert wurde darüber, welches Thema denn relevant und damit für eine kleine Publikation wertig sei. Einstimmiger Befund der Damen und Herren: Service-Qualität! So entstand eine Sammlung von Beiträgen, die im Januar 2017 vom Fachverband degefest auf der „Best of Events" in Dortmund vorgestellt wird.

Besonders interessant im Prozess des Zusammentragens von Experten-Aufsätzen war, dass vielfach Protagonisten aus der Veranstaltungswirtschaft von einem „alten Hut" sprachen– das brauche die MICE-Branche doch nicht, über Service-Qualität habe man schon vor Jahren nachgedacht, das sei längst ein Feld, das von allen Dienstleistern gut bestellt werde. Ist das auch Ihr Eindruck?

Meiner ist es nicht!

Zunächst stelle ich fest, dass bei Messen, Kongressen und Events nach wie vor nicht alles in Ordnung ist. Da finden sich exzellente Räumlichkeiten, denen ein mittelmäßiges Verhalten der zuständigen Mitarbeiter im Wege steht. Definitiv Bedarf an Veränderung! In der Regel müssen hier nicht die Menschen ausgetauscht, sondern ausgebildet werden. Möglicherweise auch geführt, motiviert, Ernst genommen. Kann das Management das nicht leisten, dann muss Hilfe von außen geholt werden. Die einfachste aller Gleichungen in der MICE-Branche lautet: Shit in – Shit out!

Daneben, und das ist schon immer eine Grundwahrheit, verändert sich die Umwelt permanent. Das führt, sofern wir uns nicht anpassen, dazu, dass ein vormals gutes oder sehr gutes Service-Level irgendwann nicht mehr den Erwartungen entspricht. Lifelong Learning bleibt gerade dem Exzellenten nicht erspart – wer stehen bleibt wird überholt.

Die Frage ist, auf welches Szenario wir uns vorbereiten. Welches Spektrum an Leistungen in welcher Qualität ist in den kommenden Jahren erforderlich, um weiter mitspielen zu können? Vor einem Vierteljahrhundert wurden die Veranstaltungstechniker nach und nach aus ihren Regieräumen und von den Z-Brücken geholt: man hatte erkannt, dass sie, als Experten, die besseren Berater im Kundengespräch sind. Die Kunden wussten das zu schätzen.

Heute sprechen wir über interaktive, partizipative und kollaborative Unternehmens- und Verbands-Events. Moderne Veranstaltungsformate stehen zur Verfügung, können Hand in Hand mit entsprechenden technischen Features wie Digital Voting oder elektronischen -Pinnwänden offeriert werden. Wird da der Projektleiter im Kongresszentrum nicht zwangsläufig mehr kennen müssen als den Mietpreis? Ist er nicht auf dem Weg zu einem Berater, der entlang angestrebter Veranstaltungsziele mit den richtigen Tipps (und der richtigen Ausstattung) zum Erfolg beiträgt?

Antworten darauf zu liefern hat sich das mice:lab Bodensee (www.micelab-bodensee.com) vorgenommen. 13 Initiatoren aus vier Ländern überlegen gemeinsam, ob beispielsweise ein Techniker zukünftig mit seinen Kompetenzen zur richtigen Inszenierung beitragen soll, ein wertvoller Ratgeber und Sparringspartner der Kunden sein muss. Und nicht nur das Mikrofon auf- und wieder zumacht. Und hier ist sie wieder – die von außen wirkende Kraft der Veränderung, die uns ohne ein Weiterdenken von Service-Qualität vielleicht recht rasch alt aussehen lässt.

Das bildliche „ein alter Hut" wird in Italien als „nulla di nuovo" benutzt, als das „Nichts des Neuen". Gerade hat eine unserer Absolventinnen den „Deutschen Forschungspreis für Live-Kommunikation" erhalten; Lisa-Marie Lang hat das aus der Pädagogik bekannte Konzept des „Flipped Classroom" auf Veranstaltungen übertragen und erforscht, wie dadurch das Lernen bei Kongressen, Tagungen und Konferenzen nachhaltiger möglich ist. Wir sollten überlegen, wann wir uns – als Dienstleister der MICE-Branche – damit beschäftigen, anstatt von alten Hüten zu reden.

Beitrag zuerst erschienen in: Convention International, 04/2016.

12 Nachhaltigkeit – nachhaltig kommuniziert

Der erste „Sustainability Summit" des FAMAB ist mit vielen Anregungen für das eigene Handeln zu Ende gegangen – von der Öko-Toilette bis hin zu wiederverwertbaren Dekorationselementen. Gut und wichtig, dass über solche Details, auch aus Sicht derer, die das angepackt haben, berichtet wird. Die kleinen Dinge tun!

Aber auch die großen Dinge tun! Dazu zählt, dass wir als Hochschule unseren Studenten die Nachhaltigkeit nicht allein als ein Trend der MICE-Branche präsentieren. Bereits hier sollten wir uns bewusstmachen, dass es kein Mega- sondern ein Meta-Trend ist! Matthias Horx, einer der bekanntesten Zukunftsforscher, drückt damit die lange anhaltende Relevanz aus. Keine Modeerscheinung, die nach einem heftigen aber kurzen Höhepunkt wieder verschwindet, sondern ein – im doppelten Wortsinn – sehr nachhaltiges Thema!

Herbert Gruhl, Jahrgang 1921, zog 1969 als CDU-Abgeordneter in den Deutschen Bundestag ein. In den 1970er-Jahren schrieb er das Buch „Ein Planet wird geplündert – die Schreckensbilanz unserer Politik". Parallel dazu veröffentlichte der „Club of Rome" seine erste Studie „Grenzen des Wachstums", ein weiterer erhobener Zeigefinger – auf das Thema Nachhaltigkeit bezogen. Die Partei „Die Grünen" wurde erst 1980 gegründet. Fraglos, dass jeder von uns schon immer im Kontext dieser Nachhaltigkeit existiert – lediglich das Bewusstsein dafür nicht geschaffen, oder einen wirksamen Verdrängungsmechanismus für sich entwickelt, in seinem Verstand implementiert hat.

Die großen Dinge tun heißt für uns, unseren Studenten aufzuzeigen, dass Nachhaltigkeit überall wirkt und meist in einem sehr engen Verhältnis zu Verantwortung, Achtsamkeit und Würde steht. Und in allen Disziplinen der Betriebswirtschaft zu finden ist. Wer in einem Kongresszentrum die Verantwortung für die Mitarbeiter trägt, tut gut daran, dies nachhaltig anzulegen. Eine hohe durchschnittliche Verweildauer des Personals, eingespielte Teams, eine Leistungsbereitschaft von innen, eine gelebte positive Unternehmenskultur sind mögliche Ergebnisse des „mit langem Atem handeln".

Der Aufbau eines Planungs- und Steuerungssystems bei einer Eventagentur, der Einsatz von Veranstaltungsmanagement-Software bei einem Messeveranstalter, die Entwicklung und Einführung von neuen Veranstaltungsformaten bei einem Pharmaunternehmen, der Ausbau der Live-Kommunikations-Elemente bei einem großen Verband...all dies kann nur mit einer längerfristigen Perspektive betrachtet werden, auf eine längerfristige Wirkung ausgelegt sein. Nachhaltigkeit gehört so oder so zum Alltag unseres betrieblichen Handelns.

Christian Oblasser und Martina Riediger haben in ihrem Buch „Nachhaltiges Veranstaltungsmanagement mit Strategie" diesen langfristigen Ansatz beschrieben. Gleichzeitig betonen sie, wie wichtig es ist, mit Spaß an die Sache heranzugehen. „Unverkrampft und lebendig – einfach loslegen!" schreiben die beiden Experten.

Entsprechende Beispiele kennen wir, etwa aus London: Bereits vor rund 15 Jahren beschäftigte sich das Messe- und Kongresszentrum ExCeL mit Nachhaltigkeit; Teppichboden wurde nach Veranstaltungen nicht mehr entsorgt, sondern in etwas höherwertiger Qualität eingekauft und dann konfektioniert an die Nachbarn zur Ausstattung deren einfacher Wohnungen gegeben – ergänzt um viele weitere „kleine Dinge". Dies hatte auch ökonomische Auswirkungen für ExCeL, etwa ein Image-Zuwachs und eine Steigerung des Bekanntheitsgrades.

Tue Gutes und rede darüber – und handle ganzheitlich. Das war wohl der Leitgedanke von Florenz Meier, einem Alumnus unserer Hochschule. Er hat mit einem nachhaltigen Messekonzept gleich mehrere Treffer gelandet: Die in Karlsruhe stattfindende Nutzfahrzeugmesse NUFAM ist jetzt in ihrer Durchführung nachhaltig ausgerichtet (z.B. durch die Verwendung von wiederverwertbaren Materialien), hat Nachhaltigkeit als zusätzliche inhaltliche Dimension (z.B. Diskussionsforen über Nachhaltigkeit beim Betrieb von Nutzfahrzeugen), verfügt damit über ein Alleinstellungsmerkmal – und liefert der Karlsruher Messe- und Kongressgesellschaft als Veranstalter eine hohen Kommunikations-Return!

Florenz Meier, Gewinner des Messe-Impuls-Preises 2015, hat uns das beim Sustainability Summit in Dortmund präsentiert; ich wünsche mir, dass sich möglichst viele seiner Zuhörer davon nachhaltig inspiriert fühlen!

Beitrag zuerst erschienen in: Convention International, 01/2017.

13 Digital und MICE 4.0
– woher, wohin, wozu, weshalb?

Erinnern Sie sich noch an Ihre erste Begegnung mit der digitalen Welt? Meine war die, als ich, etwa 12 oder 13 Jahre alt, von meinem Vater eine Digitaluhr geschenkt bekam. Statt der Zeiger nun Ziffern, statt eines mechanischen Werks ein Chip und eine Flüssigkristallanzeige. Später lernte ich, dass das Liquid Crystal Display heißt, abgekürzt LCD. Unmittelbar aber die Erfahrung, dass die Uhrzeit so oder so immer dieselbe ist!

Heute werden wir von einer 4.0-eritis belästigt, weil das wohl schick ist. Die Imbiss-Bude offeriert eine „Curry-Wurst 4.0", der Technik-Markt ein ebenso bezeichnetes Sound-System. Und in der MICE-Branche finden wir einen „Tagungsraum 4.0", ein „Veranstaltungsformat 4.0" – lediglich den „Konferenz-Teilnehmer 4.0" konnte ich noch nicht entdecken.

Was uns die Industrie als Innovations-Meilenstein-Konzept aufzeigt ist dort auch richtig benannt:

Auf Dampfmaschine (1.0) folgt Fließfertigung (2.0), dann der Computer (3.0) und jetzt die „Intelligente Fabrik", das „Internet der Dinge" und die „Cyber-Physischen Systemen" (4.0). Letztere bezeichnen die Verschmelzung von physischer und realer Welt.

Ist da nicht die gedankliche Brücke zu den Veränderungen in der MICE-Branche?

Die Digitalisierung der Veranstaltungswirtschaft ist dann spannend und zielführend, wenn wir sie als Verbesserung, Unterstützung und Chance begreifen – nicht als Gefahr.

Dabei geht es im Wesentlichen um zwei konzeptionelle Ansätze, die sich beide auch in der Begriffswelt der hybriden Veranstaltungen wiederfinden:

Digitale Werkzeuge helfen uns, Veranstaltungen vor- und nachzubereiten. Wir können auf die eigentliche reale Begegnung hinarbeiten und bleiben nach der Verabschiedung noch verbunden. So wird der ja aufwändige Teil des physischen Treffens wertvoller, kann optimaler und mit wirklich wichtigen Inhalten befüllt erfolgen. In Chatrooms stimmen wir uns auf Workshops ein, lassen Referenten teilhaben an unseren Erwartungen – und vertiefen im Anschluss, schließen offen gebliebene Themen ab und so weiter.

Während der realen Begegnungen, die letztendlich so noch gehaltvoller und unverzichtbarer werden, helfen uns Digital-Tools bei der Umsetzung von kollaborativen, interaktiven und partizipativen Formaten. Wir können selbst in großen Gruppen Ideen sammeln, Konzepte entwickeln, Vorschläge diskutieren und darüber abstimmen. Wenn auch heute zunächst lediglich als didaktischer Bruch zum Spielen eingesetzt („Wollen Sie jetzt gleich eine Pause, dann drücken Sie in Ihrer App auf „JA") dürfen wir eine Entwicklung hin zum Selbstverständlichen erwarten. Unter anderem, weil es viel Sinn stiftet!

Dazwischen bleibt Raum für die Gleichzeitigkeit der Teilnahme an Veranstaltungen sowohl im Realen wie im Virtuellen, die Fusion von physischer und digitaler Anwesenheit. Schon heute finden wir das aus meiner Sicht interessanteste Konstrukt: die geografische Verteilung von Gruppen, die sich jeweils real zusammenfinden – und digital (oder eben virtuell) zu einer großen zusammengeführt werden. Unternehmen nutzen diese Konfiguration, um einerseits die zeit- und kostenintensiven Groß-Events, bei denen alle Mitarbeiter aus allen Niederlassungen an einen zentralen

Ort reisen, zu vermeiden. Und schaffen andererseits Begegnungsräume in der realen Welt, mit einem vielleicht positiven regionalen Bezug.

Bei meiner kürzlich an der Ravensburger Kinder-Uni gehaltenen Vorlesung „Weshalb sich treffen und nicht telefonieren?" zeigte sich einmal mehr, dass auch die wirklichen Digital Natives auf Begegnung geeicht sind; die 12- und 13-jährigen Studenten konstatierten, dass ein Treffen immer die bessere Möglichkeit bietet, Differenzen auszuräumen und Identifikation (wir Erwachsene nennen das meist Commitment) herzustellen.

Dann also keine Verwendung für „Telefonieren"? Doch, klärten mich die Kinder auf, weil so beispielsweise auch kranke Menschen mit dabei sein könnten.

Beitrag zuerst erschienen in: Convention International, 02/2017.

14 Noch einmal MICE 4.0 – was kommt und was ist schon da?

Vor einigen Wochen durfte ich die MICE-Spezialisten eines großen Wirtschafts-Verbandes über die Zukunft informieren; der Wunsch war es über das, was kommt, zu referieren. Da bleibt es nicht aus, auch das, was schon da ist, zu erwähnen. Und, ganz logisch, auf das hinzuweisen, was wieder verschwinden wird.

Aus dem Kreis meiner Zuhörer war zu vernehmen, dass die Zukunft selbstverständlich ein spannendes Thema sei – dass man allerdings das „Ist" in vielerlei Hinsicht erst einmal in den Griff bekommen, richtig machen müsse, dazu gab es ebenso Konsens. Dies gilt für Erfolgsmessung (Event-Controlling) und Perspektivenwechsel (Teilnehmer-Verständnis), für Zieldefinition (affektiv, konativ, kognitiv) und Einbettung (integrierte Kommunikation). Da gibt es noch sehr viel zu tun, bei vielen unter uns.

Das hilft daneben, um zukunftsfit zu werden! Eine agile Meetingkultur etwa speist sich aus den neuen Formaten, die nach wie vor fast messianisch durch unsere Veranstaltungsbranche wabern. Doch solange ein Open Space mit einem zweistündigen Vortragsteil startet, solange ein Workshop keine kooperative Kleingruppenveranstaltung, sondern einfach nur ein zeitlich etwas kürzer gehaltener Referenten-Monolog ist, solange sollten wir Campfire und Co. zur Seite legen.

Agilität fordert ernstgemeinte Interaktion und gelebte Kollaboration, neben der methodischen Sicherheit. Alles andere sind Placebos und dient maximal dem Entertainment-Teil einer Konferenz. Als Gruppe und mit hunderten anderer Teilnehmern gemeinsam den Flugsimulator zu steuern ist nett – und wir wissen, dass „nett" eine große Schwester hat...

Dito für hybride Veranstaltungen! Während der realen Begegnungen, die letztendlich so noch gehaltvoller und unverzichtbarer werden, helfen uns Digital-Tools bei der Umsetzung – selbstverständlich auch von kollaborativen, interaktiven und partizipativen Formaten. Ist etwa „Lernen" ein Hauptziel, dann können wir mit hybriden Elementen hervorragend vor- und nachbereiten: die Teilnehmer „abholen" und „vorbereiten", durch Fragerunden und intelligent aufbereiteten Content im Anschluss an die Veranstaltung nachhaltig das erworbene Wissen vertiefen. Voraussetzung bleibt ein klares Bild von „Ziel" und „Zweck".

Disruption ist ein Buzzword unserer Zeit. Traditionelle Geschäftsmodelle werden – häufig sehr schnell – zerstört, disruptive Innovationen führen zu kompletten Umstrukturierungen. Wir können dieses Phänomen nutzen, um unsere klassischen Veranstaltungs-Layouts zu verändern: da sind Hybridität und Agilität gleichermaßen gefragt. Die Weisheit der Vielen im Einsatz für bessere Ergebnisse, aber auch das klare Statement „pro persönlicher Begegnung auf einer Konferenz" auf der Grundlage von wirklichen, belastbaren Gründen! Wir wollen weder Fadfinder (gähnt mit leeren Augen) noch Spötter (schweigt und blickt süßsauer), keine Schläfer (manchmal schnarcht er) und auch nicht die Laut-auf-dem-Laptop-Tipperin (wie als Rollen in einem Beitrag von Axel Bojanowski bei SPIEGEL-ONLINE beschrieben).

Trends, Veränderung, Innovation gab es stets. Es kommt selten etwas plötzlich, wir sind Teil (aktiv oder passiv!) im Prozess des Wandels! Nicht jede Sau durchs Dorf treiben, gegebenenfalls auch ignorieren – oder sukzessive integrieren. Immer mit einem Blick auf die erwünschten Ziele, Wirkungen, Ergebnisse!

Manche Inszenierung lebt vom raschen Adaptieren, von Erinnerungen an die Kindheit, von dem Besonderen. Das ist dann – disruptiv – die Schiefertafel, die einen 10.000-Ansi-Lumen-Projektor ersetzt. Bildlich gesprochen ist es der Sandkasten, in den wir zeitlich befristet zurückdürfen. Wir fühlen uns wohl, sind kreativ und wach, genießen die Anwesenheit bei der Konferenz und werden zum Teil einer Wertigkeit, die den Aufwand, das zeitliche Investment, rechtfertigt. Jenseits von Trends, jenseits von Veränderungen, jenseits von Innovationen. Es sind Menschen, mit denen wir arbeiten, auch zukünftig!

Beitrag zuerst erschienen in: Convention International, 03/2017.

15 Trends werden zu Innovationen – Transmission Possible!

Es vergeht kaum eine Woche, ohne dass mir eine neue Trendstudie zugeschickt oder angeboten wird. Ein ehemals knappes Gut – seinerzeit beschränkt auf das einmal im Jahr erscheinende „Meeting- und Event-Barometer" von EVVC und GCB – ist jetzt ein, zumindest bei mir auf dem Schreibtisch, dauerhafter Muss-Gelesen-Werden-Stapel. Der Schreibtisch ist in dieser Hinsicht ein digitaler, der Lesestapel wird dadurch nur optisch kleiner. Die Freude über eine Reduzierung der Höhe weicht der Anspannung, sobald sich wieder der substanzielle Neuschnee weiterer Reports, Analysen und Studien auf den Gipfel legt.

So in den vergangenen Tagen die wertvolle XING „Event-Vermarktungs-Studie 2017"; sie gibt Auskunft darüber, welche Vermarktungsmaßnahmen die Branche einsetzt. Ebenso die Berichte von Branchenverbänden – die VDR-Geschäftsreiseanalyse, der AUMA Messetrend 2017 und die ICCA-Jahresstatistik beispielsweise. Eine Delphi-Studie der Hochschule für angewandte Wissenschaften FH München berichtet über „Hybride Events im Kongressbereich", weitere Erkenntnisse widmen sich etwa der Akzeptanz von Event-Technologie in Abhängigkeit vom Alter der Teilnehmer, den sozialen und ökonomischen Nutzenpotenzialen von Messen oder der digitalen Transformation. Und da sind auch immer wieder neue und durchaus inspirierende Veröffentlichungen zu interaktiven und kollaborativen Veranstaltungsformaten.

Fast schon Luxus, möchte man meinen – wäre da nicht die Ur-Mutter aller Fragen, die nach dem Nutzen dieser Studien. Für uns an der Hochschule zweifelsfrei Futter fürs Professoren- und Studenten-Hirn. Brainfood!

Apropos Brainfood: „What's in for me?" würde der Kongressveranstalter in London oder die Geschäftsführerin einer Veranstaltungsstätte in Liverpool, der CEO eines Event-Technik-Unternehmens in Birmingham oder die Leiterin eines Kongress- und Tagungsbüros in Manchester fragen. Bildungs- und Branchen-Input, Orientierungswissen – aber hinsichtlich einer konkreten Handlungsempfehlung für mich und mein Arbeitsgebiet? Unverdaulich?

In den vergangenen Jahren konnte ich in diversen Projekten eine Übertragung von Trends auf konkrete Situationen begleiten; diese Transmissions-Anstrengungen sind immer erforderlich, um aus dem Allgemeinen das Konkrete herzustellen, aus dem Möglichen das Relevante herauszuschälen und damit auch Unsicherheit, die Zukunft betreffend, etwas zu relativieren. Was bedeutet das für mich? Wie wirkt sich das für uns aus? Sind wir davon betroffen? Sollen wir hier reagieren und wenn ja wie? Das können Studien nur oberflächlich konstatieren, es „kommt halt drauf an..."!

Mit einem Messebau-Unternehmen der Reed-Exhibitions-Gruppe haben wir im Format einer sogenannten „Zukunftswerkstatt" aus allgemeinen Trends und Entwicklungen einen Entwurf für den „Messestand der Zukunft" destilliert. Das Unternehmen stellt sich jetzt sukzessive darauf ein und ergänzt sein Leistungsportfolio entsprechend.

Studenten waren gemeinsam mit mir zu der Arbeitsgruppensitzung eines großen MICE-Verbandes eingeladen. Die Studie „Tagung und Kongress der Zukunft, mit den identifizierten Megatrends und ihrer Relevanz für die Veranstaltungswirtschaft, diente als Grundlage. Mit Hilfe des Formats „World Café" identifizierten wir sehr umfassend

– und sehr greifbar – Handlungsoptionen mit den und gleichzeitig für die Anwesenden (in diesem Fall etwa 30 Geschäftsführer von Locations).

In einem gerade vorgestellten SNOW White Paper finden sich Ergebnisse eines Workshops, bei dem es um die Konkretisierung von Anforderungen ging, die sich aus dem Projekt FUTURE MEETING SPACE ergeben. Ein zehnköpfiges Team formulierte Anwendungs-Anforderungen aus Sicht des Betreibers einer Veranstaltungsstätte: als Leitplanken für einen Interieur-Hersteller und dessen zukünftige Produkte.

Nur im Team kann aus all diesen wertigen Studien und Reports die Übertragung – Transmission – eingeleitet werden. Eigentlich logisch, oder? Wo wir doch nun reichlich über kollaborative Formate in unserer Branche nachgedacht haben! Schneller Internet-Zugang für hybride Events oder alte Schultafeln und Kreide? Oder beides? Eine feste Raumbestuhlung oder „Hocker to go"? Oder beides?

Gemeinsam lässt sich der prognostizierte Wandel beleuchten, entstehen Innovationen auf der Basis von Trends. Und wir treiben nicht jede Sau durchs Dorf.

Beitrag zuerst erschienen in: Convention International, 04/2017.

16 Wiederholung ist die Mutter der Didaktik...

Auf der „Best of Events" in Dortmund stellt der „degefest" (Verband der Kongress- und Seminarwirtschaft e.V.") seine aktuelle Schriftenreihe vor. Professoren des Wissenschaftlichen Beirats – ich habe dieses Gremium vor einigen Jahren gemeinsam mit dem Vorsitzenden Jörn Raith aufgebaut – widmen sich hier dem Thema neuer Veranstaltungsformate.

Kim Werner, Professorin an der Hochschule Osnabrück, hat einen sehr wertigen Beitrag zum Thema „Partizipative Veranstaltungsformate – Welchen Nutzen und welche Vorteile bringen sie?" geschrieben, der dort nachzulesen ist. Sie erläutert darin fünf ausgewählte Formate, zeigt die Rahmenbedingungen auf und verweist auf Vorteile wie auch auf Nachteile. Doch hatten wir das nicht schon in vielen anderen Studien, Whitepapers und Fachbüchern, ist das nicht das Aufwärmen von längst Bekanntem, das Recycling von Archivmaterial?

Auf keinen Fall!

Was Professor Werner hier zeigt ist die dringend notwendige Wiederholung von Input zur Veränderung einer tradierten Herangehensweise an Veranstaltungen. Gebetsmühlenartig: immer wieder muss darauf aufmerksam gemacht werden, dass – wie sie gleich zu Beginn ihres Beitrags konstatiert – die Aufmerksamkeitsspanne ohne eigene Interaktion rasch sinkt. Dann sind da noch Effekte wie die der „Weisheit der Vielen" oder die Entfaltung von Kreativität, die Nachhaltigkeit und das Teilen von Wissen.

Insofern ist die Wiederholung die „Mutter der Didaktik": offensichtlich handelt es sich um Bedeutsames, offensichtlich ist es noch nicht verankert, offensichtlich muss es immer und immer wieder beschrieben, erläutert, bedacht werden. Und leider trifft das zu! Nach wie vor erlebe ich Veranstaltungen, die den Formaten entsprechen, die ich schon vor 40 Jahren kennengelernt habe – Monologe in abgedunkelten Räumen. Lediglich der Karussell-Diaprojektor wurde durch einen Videobeamer ersetzt.

Glücklicherweise heute mit Internet-Zugang, so kann nach den ersten Minuten der Aufmerksamkeit die dann folgende Phase des Rückzugs in sich selbst zur Erledigung von Emails genutzt werden. Dito die Workshops – die an sich ja attraktive Elemente des Mittuns sein können. Allerdings sind sie noch viel zu oft einfach nur eine kleinere und kürzere Form des Frontalvortrags. Von wegen „Werkstatt", was Workshop eigentlich bedeutet.

Fraglos gibt es Input, der nur durch klassische Vorträge vermittelbar ist, durch „Vorlesungen", wie wir das früher an den Hochschulen hatten. Dort war das aus der Not geboren: nur der Professor besaß das jeweilige Fachbuch, aus dem er dann vorlas; die Studenten erwarben Wissen durch aufmerksames Zuhören und Mitschreiben, vertieften später in Seminaren (dann schon wieder: interaktiv!).

Heute ist – sinkende Aufmerksamkeitsspanne hin oder her – einfach auch die Zeit zu schade für Zusammenkünfte, die nicht ein bestmöglich konfiguriertes, sinnstiftendes Konzept aufzeigen. Was immer möglich kann in die digitale Ebene verfrachtet werden – ob als Film zum Einstimmen auf das Treffen, als Pre-Reading zum Wissenserwerb vorab oder als Orientierungs-Chat mit den Referenten zur qualifizierten Vorauswahl von Sessions. „Leichtes Gepäck" und möglichst viel an Freiräumen für die Begegnung von Angesicht zu Angesicht. Und die dann, inspirierend, als Dialog.

So auch das mice:lab Bodensee, das sich die Erforschung neuer Formate zur Aufgabe macht. Als Beirat darf ich das begleiten und bin bei jedem Treffen überrascht von zwei Elementen, die hier zu finden sind: der Leidenschaft zur Veränderung und der konservativen Zielorientierung. Eben nicht Interaktion weil modern, Kollaboration weil man das jetzt so macht, Partizipation da alle davon sprechen. Kongress-Kultur, die diese Bezeichnung verdient!

Wenden wir uns also den Planern von Kongressen, Tagungen und Konferenzen immer wieder zu, mit dem Werkzeugkasten der neuen Veranstaltungsformate. Klären wir deren Auftraggeber und Teilnehmer darüber auf, was erreicht werden kann. Und orientieren uns an dem, was als Ergebnis eines Zusammenkommens geplant ist. Wie, darüber haben Sie noch nicht nachgedacht? Höchste Zeit!

Beitrag zuerst erschienen in: Convention International, 01/2018.

17 Co-Creation oder: Wie sich die Rollen von Kunden und Lieferanten verändern können

Nicht ganz neu ist der Begriff der Co-Creation; immer wieder stoßen wir auf Beispiele, die zeigen, wie man Kunden in die Entwicklung von Produkten mit einbeziehen kann. In einigen Fällen sind das nur Ideen, die aufgegriffen werden; in anderen Fällen geht es mehr um eine kundenindividuelle Gestaltung. LEGO lässt neue Modell kreieren und darüber coram publico abstimmen, DHL verbessert seine Logistik-Kette durch Ergebnisse aus sogenannten Hands-On-Workshops mit Kunden in Deutschland und Singapur.

Die direkte und intensive Kooperation mit Kunden ist in der Software-Branche schon lange angekommen. Dort finden Anwender-Tagungen – User Conferences – statt; allen bekannt ist etwa die wohl größte dieser Veranstaltungen, die Entwickler-Konferenz von SAP. Wir verfolgen aber auch regelmäßig die sehr auf Image und Marke ausgerichteten Events von Apple – dort eher mit Claqueuren und weniger mit Kunden-Input inszeniert.

Der Aufbau solcher Anwender-Tagungen ist stets konzentriert auf die funktionalen Produkt-Anforderungen; darüber wird diskutiert und abgestimmt, ein Zieldatum für die Bereitstellung eines Updates verabredet. Die Erfahrungspotenziale aus der praktischen Anwendung fließen direkt in das Produkt, das dadurch langfristig aktuell und anforderungskonform bleibt, für bestehende Kunden seinen Wert behält und für Interessenten noch attraktiver wird. Eine Win-Win-Situation also, in der zudem positive Effekte für die Produkt- oder Unternehmensmarke entstehen: Innovationsführerschaft etwa, Branchenstandard und

Gattungsbegriff („Das TEMPO unter den Papiertaschen-tüchern"), Identifikationszuwachs und Loyalitätssteigerung durch intensive Mit- oder sogar Selbstbestimmung.

Das passt, als Ansatz, ebenso in die Kunden-Lieferan-ten-Beziehungen, die wir in der Veranstaltungswirtschaft finden. Technische Ausstattungselemente (Licht, Ton etc.), Logistik, Catering und Hospitality – immer geht es (nicht „auch", sondern „gerade") um die Bedürfnisbefrie-digung von Veranstaltern, Kunden, Teilnehmern, Rednern und anderen Protagonisten. Doch der Kunde (oder viel-leicht besser Konsument, Anwender oder User) artikuliert seine Erwartungen und Bedürfnisse nicht ausreichend, während der Lieferant (oder Provider) seine Produkte und Dienstleistungen nur so gut konfigurieren kann, wie es sein eigener Horizont (bzw. der seiner Entwicklungs-abteilung) ermöglicht. Feedback-Bögen, Debriefing-Ge-spräche und Meldungen des Vertriebsaußendienstes helfen sicherlich bei der Horizonterweiterung, sind dennoch weit weg von der Wirkung einer Anwender-Tagung, eines Co-Creation-Ansatzes.

Als Beirat des micelab:bodensee habe ich erlebt, wieviel Kraft in Co-Creation steckt. Zu Workshops, die sich mit der Frage des „Wohin" und ein wenig des „Warum" beschäftigen, sind Kunden der 13 Projektpartner eingela-den, sitzen mit am Tisch bzw. stehen mit am Whiteboard. Fokussiert auf drei formulierte Forderungen

- Wir brauchen dringend eine neue Auseinandersetzung zu zeitgemäßen Lernumgebungen für Erwachsene.
- Für eine neue Kultur des Lernens, Begegnens und Vernetzens.
- Wir brauchen Forschung, Entwicklung und Weiterbil-dung zum »Kongress der Zukunft!«

entstehen so sukzessive und belastbare Lösungsansätze – etwa das Büchlein „Angst & Vertrauen" als Extrakt aus dem ersten intensiven Forschungsjahr im micelab:bodensee. es soll anregen, eigene Gedanken und Ideen für eine lebendige Kongresskultur zu entwickeln und – vor allem – zu leben. Das kann ja überhaupt nur mit Beteiligung der Betroffenen geschehen!

Vergleichbar auch die Initiative der Schneeweiss AG und deren Projekt Creative Lab Venue 4.0: Produktentwickler, die sich mit Tischen, Stühlen, Garderoben und anderem Interieur beschäftigen, treffen auf ihre Kunden – in diesem Fall aus Kongresszentren, Stadthallen und Konzerthäusern. Im Austausch wird, für beide beteiligte Gruppen, deutlich, dass man durch ein Miteinander wesentlich schneller und deutlich besser vorankommt. Ausgesprochene Wünsche und Erwartungen sind Kernelement und führen zwangsläufig in die richtige Richtung.

Ein zielgerichtetes Miteinander ist nicht schwer, erfordert den Mut, seine angestammte Rolle zu verlassen und bringt – sicherlich auch den Beteiligten der Veranstaltungswirtschaft – eine bessere Passung von Angebot und Nachfrage!

Beitrag zuerst erschienen in: Convention International, 02/2018.

18 Blick nach vorne: die anwesende und die abwesende Zukunft

Tatsächlich ist das allgegenwärtig und interessant, was auf uns zukommt. Politisch und gesellschaftlich, technologisch und vielleicht auch ethisch-moralisch. Richard David Precht denkt darüber in seinem aktuellen Buch Jäger, Hirten, Kritiker. Eine Utopie für die digitale Gesellschaft nach. Der Philosoph liefert dort an vielen Stellen Hinweise darauf, dass wir in einer Welt der Künstlichen Intelligenz, der Robotik und Systemvernetzung nach wie vor die Sehnsucht nach persönlichen Begegnungen haben werden. Wie schön und wie beruhigend.

In der MICE-Branche erleben wir diesen Blick nach vorne ebenso dauerhaft, häufig technologiegeprägt und mit Begriffen wie der digitalen Transformation besetzt. In einem Vortrag im Programm der Locations Region Stuttgart durfte ich darüber sprechen: deutlich wurde, auch im Dialog mit den Teilnehmern, dass diese Zukunft zum großen Teil schon da ist, manchmal als kaum wahrgenommener Ersatz des Alten, oft in kleinen Schritten in unseren Veranstaltungs-Alltag eingezogen.

Trendforscher und Experte für New Living, Harry Gatterer, Geschäftsführer des Zukunftsinstituts, erzählte mir vor einigen Tagen, dass er generell in anwesende und abwesende Zukunft unterteilt. Die anwesende ist hier genau die, von der wir schon recht konkret wissen, wie sie ausschaut, weil sie uns bereits umgibt, so beispielsweise das digitale Flipchart:

Nachdem der Schreibblock vom Tablet ersetzt wurde war zu erwarten, dass dieser Wandel vom Analogen zum Digitalen auch an anderer Stelle sinnstiften eingesetzt werden kann. So etwa beim traditionellen Flipchart, das uns in der Veranstaltungswirtschaft schon lange begleitet. Hier erinnern wir uns an einige technologische Zwischenschritte, etwa das Copy-Board als Eyecatcher im innovativen Meeting-Raum. Nun ist das Visualisieren noch einfacher, noch intuitiver und eben State of the Art möglich; mit einem volldigitalen Gerät, das die Ergebnisse des Meetings direkt per Email an die Teilnehmer sendet, immer genügend leere Blätter bereithält (ohne die Rückseite der bereits beschrifteten verwenden zu müssen) und, so die Argumentation eines der Anbieter, nie wieder Probleme durch eingetrocknete Stifte bereitet!

Auch wenn eingetrocknete Stifte nicht explizit eine vierstellige Investition rechtfertigen – ein digitales Flipchart bietet sicherlich Potenzial für andere Darstellungsformen, für einen modifizierten Ablauf in der Veranstaltung und deren Dramaturgie etc. Wir müssen uns mit diesem und weiteren Elementen einer anwesenden Zukunft beschäftigen, immer unter dem Aspekt des Nutzens, niemals als Fortschrittsgetriebene. So gehe ich davon aus, dass wir an unserer Hochschule für Projektpräsentationen ideal mit einem solchen System arbeiten können; dennoch werden wir für viele andere Situationen das analoge Flipchart behalten – und in Gruppenarbeiten die Wände mit Ergebnis-Papieren und Kreppband dekorieren.

Dass Alt bleibt und Neu dazu kommt kennen wir aus verschiedenen Beispielen: Computer und Projektor (etwa für PowerPoint-Präsentationen) sind zum Standard geworden, der inzwischen technisch aufgewertete Overheadprojektor ist dennoch nicht ganz obsolet. Zugegeben: Diaprojektoren sind aus Kongresszentren verschwunden. Mit ihnen übrigens auch die Dia-Sortier-Räume für Referenten.

So betrachtet können wir uns ein recht konkretes Bild von der anwesenden Zukunft machen, sie begreifen, hinsichtlich ihrer Sinnhaftigkeit bewerten und damit den Erfolg unserer Veranstaltungen unterstützen. Das erleben wir mit dann häufig eben nicht als Zukunft wahrgenommenen Innovationen wie dem Wurfmikrofon Catchbox, mit Apps zur interaktiven Gestaltung, mit biometrischen Systemen zur berührungslosen Zutrittskontrolle via Gesichtserkennung und natürlich in Form unserer digitalisierten sozialen Netzwerke.

Die abwesende Zukunft ist die, von der wir zwar wissen, dass sie kommen wird – die allerdings noch sehr unkonkret, sehr vage und diffus ist. Denken wir nur an das gerade einmal ein Jahrzehnt alte iPhone: es war bis zum Moment der Präsentation am 09. Januar 2007 (durch den damaligen Apple-Chef Steve Jobs auf der Macworld in San Francisco vorgestellt) für die Mobiltelefonisten überhaupt nicht vorstellbar, dass ein solches Gerät kommen wird. Es hat die Welt verändert und wurde für die Generationen Y und Z zu einem Standard – unsere jungen Studenten wissen nicht mehr, dass es eine Zeit ohne iPhone gab. Fragen Sie doch einmal Jugendliche aus Ihrem Umfeld, welche App zur Fußball-WM 2016 in Deutschland wohl die am meisten genutzte war – Sie werden Bahn-App, DFB-App oder Kicker-App genannt bekommen. Schockierend aber wahr, dass es damals noch keine Apps gab!

Wie also werden wir im Jahr 2025 telefonieren? Werden wir das dann überhaupt noch? Werden die Smart Devices der Zukunft intelligente Kontaktlinsen oder Implantate sein? Portable Holo-Projektoren und selbstverständlich Sprachassistenten für alle Aufgaben? Nun, das ist eben die Zukunft, die momentan noch abwesend ist, deren Ausgestaltung wir vielleicht anhand eines Science-Fiction-Films erahnen können. Konzentrieren wir uns daher auf die anwesende Zukunft, gehen wir interessiert und offen mit dem Neuen um – und bleiben dabei zumindest hinsichtlich des Nutzens für uns in der Veranstaltungswirtschaft kritisch-konservativ!

Beitrag zuerst erschienen in: Convention International, 03/2018.

19 Reden, diskutieren, verhandeln, beschließen: der eigentliche Grund für Konferenzen

Mit Spannung erwarten wir in jedem Jahr das Meeting- & EventBarometer als Spiegel der wirtschaftlichen Entwicklung unserer Branche. Zahlen zeigen uns, wie sich Angebot und Nachfrage entwickeln, wie die Internationalisierung fortschreitet und welche Rolle etwa das Thema Nachhaltigkeit einnimmt.

Und verständlich, dass wir den Grund für Kongresse, Tagungen und Konferenzen genau in diesem Zusammenhang sehen. Business-Pläne müssen erfüllt, Defizite bei kommunalen Veranstaltungsstätten reduziert und die Auslastung optimiert werden. Erst die Diskussion um neue Formate (und die Herausforderung bei der Wahl des richtigen) hat uns wieder ein wenig in die Richtung des Warum geschubst: welche Ziele werden verfolgt, was soll erreicht werden.

Ich war gerade einige Tage in Brüssel, als Teilnehmer einer Konferenz. Vertreter unter anderem aus der Wirtschaft und von Bundes- und Landesministerien diskutierten über protokollarische Aufgaben und Rahmenbedingungen, beispielsweise im Kontext des digitalen Wandels. Verständlich, dass man in der belgischen Hauptstadt an dem Thema Europäische Union nicht vorbeikommt und, als Gruppe aus der Familie der Veranstaltungsschaffenden, die eine oder andere Einrichtung besucht.

Die Gebäude des Europäischen Parlaments und der Europäischen Kommission beherbergen eine imposante Ansammlung an kleinen, mittleren und großen Treffpunkten: Sitzungssäle, Tagungsräume, Pressezentren und

Konferenzflächen. Eine Infrastruktur, die deutlich macht, dass der Kerngedanke einer europäischen Gemeinschaft nur durch einen ständigen Austausch der Beteiligten entwickelt, verbessert, auch gelebt werden kann. Da tritt die aus der Distanz wahrgenommene und in der Regel negativ konnotierte Brüsseler Bürokratie in den Hintergrund und diese enorme Kraftanstrengung wird deutlich – zumal Infotafeln und Wegweiser aufzeigen, in welcher Dichte und mit welcher Themenvielfalt dort diskutiert, verhandelt und beschlossen wird.

Unweigerlich wird klar, dass wir hier als MICE-Branche mitten drin sind und unserer wirtschaftlichen Perspektive eine andere, sehr bedeutsame zu Grunde liegt: Herausforderungen, ob in der anwesenden oder in der abwesenden Zukunft verortet (siehe luppolds lupe 3/2018), können nur dialogisch gemeistert werden. Die immer wieder zitierten Beispiele aus der MICE-Geschichte, etwa der Wiener Kongress, sind nicht anachronistisch. Sie lassen sich auf ins Heute übertragen, eben mit anderen Themen.

Noch ein Gebäude-Komplex in Brüssel, den wir besuchten: das neue NATO-Hauptquartier. Als ein Element der rund 250.000 Quadratmeter findet man – wenn wundert das – ein hochmodernes Konferenzzentrum. Nicht ganz losgelöst von aktuellen politischen Bezügen wissen wir, dass gerade jetzt reden und diskutieren angesagt ist! Das kann man dort ganz hervorragend.

Nun sind die Kongresse, Tagungen und Konferenzen, die unsere tägliche Arbeit ausmachen, nicht unbedingt jene, die Kriege verhindern oder Völkergemeinschaften zusammenführen. Das wissen wir schon bei den entsprechenden Institutionen wie EU, NATO, UN etc. verortet. Dennoch, die kleinen und scheinbar einfacheren Fragestellungen und Probleme sind auf ihrer Ebene von Bedeutung. Der

Kick-off zum Aufbau einer neuen Forschungsabteilung, der Zukunftstag eines Industrie-Verbandes, das Bürgerforum zur demokratischen Beteiligung in einer Region, das Professorium zum Austausch über neue Prüfungsformen: all dies finden wir hinter (oder vor oder über) den Facts & Figures unserer Branchenstatistiken. Wir sollten uns bewusst sein, dass wir Teil einer elementaren Form der Kommunikation sind. Möglicherweise archaisch, ganz sicher jedoch modern und wichtiger denn je.

Noch ein Gebäude in Brüssel, in diesem Fall ohne explizite Konferenzfazilitäten. Von Mythen und Entdeckungen bis hin zum Chaos und Zusammenhalt des 20. Jahrhunderts. Das Haus der Europäischen Geschichte nimmt seine Besucher auf eine Reise durch die europäische Geschichte mit und regt sie dazu an, über die Zukunft Europas nachzudenken. Als Dokumentation von ideellem und kulturellem Reichtum ebenso wie als Ort der Erinnerung an Kriege und Tragödien. Es zeigt dabei sehr subtil, wo Diskussionen und Verhandlungen gefruchtet haben – und wo Gespräche und Beratungen erfolglos blieben.

Hans-Gert Pöttering, ehemaliger Präsident des Europäischen Parlaments, hatte 2007 die Gründung des Hauses der Europäischen Geschichte als Stätte der Begegnung für alle Bürgerinnen und Bürger der Europäischen Union bezeichnet. Wie treffend und unser Verständnis der MICE-Branche erweiternd diese Aussage doch ist: Begegnungen benötigen immer einen Raum, jedoch nicht immer einen Tagungsraum. Hier findet sich der Appel zur Weiterentwicklung – zu Orten der Begegnung.

Beitrag zuerst erschienen in: Convention International, 04/2018.

20 Simplify your Conference
– weshalb weniger mehr sein kann!

Vor 25 Jahren ging die Musik- und Kongresshalle Lübeck an den Markt, eine attraktive Location in einer schönen, historisch geprägten, jedoch nicht gerade zentral gelegenen Stadt. Der explizite Schwerpunkt Musik sollte unbedingt durch eine Nutzung für Tagungen und Konferenzen ergänzt werden; potenzielle Veranstalter und wichtige Multiplikatoren der MICE-Branche wurden deshalb zu den speziell entwickelten NORD-Kongressen eingeladen. Ein hohes Maß an Weiterbildung und Informationsvermittlung war wesentlicher Bestandteil, Top-Agenturen als Referenten – und ich erinnere mich an die Präsentation glamourösen Jubiläums-Events, die Vorstellung internationaler Markenveranstaltungen und die Darstellung aufwändiger Live-Kommunikations-Projekte.

Einer meiner Sitznachbarn schüttelte damals den Kopf und sagte: Weshalb zeigen die uns nicht smarte, intelligente und wirkungsvolle Beispiele, die mit kleinem Budget realisiert wurden? Groß kann doch jeder! Nun, tatsächlich habe ich seit dieser Zeit immer wieder diese Bitte, diesen Wunsch gehört und kaum beantwortet gefunden. Wir versuchen uns an der Hochschule damit, wenn wir mit studentischen Teams etwa über das Jubiläumfest einer Stiftung nachdenken oder Konzepte für kommunale Einrichtungen checken. Hier zeigt sich dann bereits ein Synergie-Potenzial: Gerade dann, wenn es um Gemeinnützigkeit, Corporate Citizenship oder Corporate Social Responsibility als Inhalt einer Botschaft geht, muss Live-Kommunikation auf eine zurückgenommene Art und Weise eingesetzt werden. Stiftungsjubiläum mit Champagner ist kritisch, mit Butterstullen authentisch.

Um Lübeck noch fortzusetzen:

Tatsächlich gab es, als Teil des NORD-Kongresses, auch ein sehr wirkungsvolles Weniger ist Mehr zu finden. Schirmherr, als engagierter Unterstützer der Musik- und Kongresshalle, war der ehemalige Ministerpräsident von Schleswig-Holstein, Björn Engholm. Teilnehmer, die nochmals über Nacht blieben, konnten sich im Schuppen 9 auf ein Glas Rotwein mit ihm – legendärer Rotspon – treffen. Tiefgründige Gespräche, neue Verbindungen, nachhaltige Erinnerungen. Und eine tiefe Verankerung von Lübeck als Kongressstandort in Kopf und Herz. Was, nebenbei, dazu führte, dass Björn Engholm später das Vorwort für eines meiner Bücher schrieb.

Und apropos Bücher: Megaseller sind nach wie vor Titel wie Simplify your Life. Silbermond singt von Leichtem Gepäck. Und in den Aufzählungen neuer Veranstaltungsformate entdecken wir die Brown Bag Session. Irgendwie war die schon immer da, bereits in unserer Schulzeit – und doch musste die Welle der kollaborativen, interaktiven und partizipativen Events unser gewohntes Viel freispülen, damit wir die Wirkung im Einfachen wieder zu erkennen im Stande sind.

Noch ein Schritt, weg von der Frage eines Budgets. Was sind die eigentlichen Ziele der Veranstaltung, des Events, der Konferenz? Und welche Erwartungen bringen die Menschen mit, die wir erreichen wollen? Dies übereinander zu legen und daraus ein Konzept zu entwickeln ist es, im Wesentlichen. Ob das greift erfährt man weniger durch nachläufige Teilnehmerbefragungen, sondern viel besser durch Gespräche während der Veranstaltung. Keine Zeit dazu, weil das Programm so dicht, die Agenda so gefüllt ist? Da haben wir schon das erste Simplify-Ausrufezeichen.

Wie oft kamen Sie von einer Konferenz zurück, insgesamt recht zufrieden, aber mit einem Schade, dass wir nicht noch ein wenig Luft für mehr Austausch und Kennenlernen hatten! in Ihrem Rückspiegel?

Die Vorstellung und Diskussion von Workshop-Ergebnissen im Plenum? Fehlanzeige – entnehmen Sie bitte dem Protokoll...

Eine ausführliche Frage- und Antwort-Session in großer Runde? Leider keine Zeit, schreiben Sie doch den Referenten eine Email...

Zwischenräume werden häufig als ein Simplify-Tool genannt, das sind sie definitiv. Begegnungsflächen, wie gerade bei der ersten BrandEx in Dortmund: trotz dichtem Vortragsprogramm hier eine Food Station oder dort der Späti als Kommunikationsort, selbstgesteuert nutzbar und auch ein wenig offen und flexibel für zufällige Begegnungen.

Erwartungen an eine Veranstaltung drücken Bedürfnisse aus. What is in for me? Und da wir über Begegnungs-Kommunikation sprechen sollten wir verstärkt darauf achten, dass aus Monolog Dialog wird, aus frontal kreisförmig. Etwa ein freundschaftlich-offener Talk, nicht zu ersetzen durch YouTube-Filme oder Kongress-Dokumentationen. Da reicht als Snack dann auch eine Butterstulle...

Beitrag zuerst erschienen in: Convention International, 01/2019.

21 Nachgedacht und diskutiert: Szenarien der digitalen Begegnung

Man kann sich der Diskussion nicht entziehen – die Welt wird digitaler und damit auch unsere Veranstaltungswirtschaft. Die meist sehr technikgetriebenen Entwürfe einer Zukunft sind ein wenig Science-Fiction: so in etwa wie I, Robot oder Minority Report für die MICE-Branche. Gesichtserkennung bei der Zutrittskontrolle und der als Holografie präsentierte Keynote-Speaker. Veränderung kommt unausweichlich und die daraus resultierende Gewissheit, dass es anders werden wird, verunsichert den Einen oder die Andere.

Nun macht es wenig Sinn, sich entweder in die Ecke der Melancholiker zu flüchten oder der Fraktion Endlich wird alles besser! beizutreten. Wie generell bei anstehenden Veränderungen – privaten wie geschäftlichen – sollten wir nachdenken. Überlegens-Aspekte dabei sind die Relevanz und die Wertigkeit der heutigen, klassischen Kommunikation, als Überschriften für eine Sammlung von Attributen. Weshalb die Besprechung und das Meeting, wofür das Kolloquium oder die Konferenz, warum der Kick-Off-Termin oder das Launch-Event?

In Workshops mit den Mitarbeitern eines großen Dienstleisters habe ich exakt danach gefragt.

Was macht heute die Begegnung mit Ihren Kunden aus? Weshalb treffen Sie sich? Wie beurteilen Sie das, was dabei entsteht? Worin sehen Sie den Sinn für dieses zeitliche Investment?

Nicht überraschend dann die Nennungen von den über 100 Teilnehmern:

Beziehungsaufbau und zwischenmenschliche Wärme, Körpersprache und Multisensorik, Individualität und Persönlichkeit, integrierender Dialog und das Vermeiden von Missverständnissen, Emotion und Wertschätzung, aktiver Austausch mit einem verbindlichen Ergebnis und eine langfristige Bindung.

In einer zweiten Runde legten wir den Hebel um – von analog auf digital. Wie verhält es sich jetzt mit diesen Attributen? Deutlich anstrengender, sehr viel schwieriger ist es, wenn die Begegnung nicht im realen Raum stattfindet. Wie soll da Nähe entstehen, die alle oben aufgezählten Qualitäten einer Kommunikation stiftet? Für meine Mit-Denker schwer vorstellbar.

Wir nahmen uns dann, um detaillierter beurteilen zu können, den Customer-Journey-Ansatz zur Hand. Ein Kunde durchreist verschiedene Zyklen bis zum Kauf. Etwas vereinfacht orientierten wir uns an kennen, vertrauen, kaufen und binden als Stufen. Das Ergebnis in allen Workshop-Runden: Ist erst einmal das Vertrauen geschaffen – durch klassische Begegnungskommunikation wie Tag der offenen Tür oder Infoveranstaltungen – ist eine digitale Fortsetzung der Beziehung ohne Qualitätsverluste machbar. Auch durch die Hinzurechnung von Vorteilen, etwa einer rascheren Reaktion und der besseren Erreichbarkeit.

Jüngere Workshop-Teilnehmer konstatierten, dass Vertrauen und Bindung nicht unbedingt einer echten Begegnung als Grundlage bedürfen; das ginge in bestimmten Fällen auch schon via WhatsApp. Im Übrigen keine isolierte oder zufällige Meinung, sondern durch Studien belegt. Wir kennen das aus Situationen im E-Commerce – wo wir uns in eine Markenfamilie aufgenommen fühlen, ohne jemals eine reale Begegnung mit dem Unternehmen und seinen Repräsentanten gehabt zu haben. Wir werden zu überzeugten Botschaftern und Multiplikatoren, zu treuen und loyalen Kunden.

Zu unseren Info-Veranstaltungen an der Hochschule oder dem DHBW-Stand bei Bildungsmessen kommen interessierte Schüler meist in Begleitung ihrer Eltern; telefonische oder Email-Anfragen erreichen uns hingegen fast nur von den potenziellen Studenten. Für ältere Menschen bedeutet das Vor-Ort-Sein hinsichtlich des Vertrauensgut-Charakters von Studium mehr als für jüngere.

Bleiben wir noch einen Moment im Bildungssektor. Blended Learning ist so ein Ansatz, der die Kommunikation an Zielen und Inhalten orientiert. Da gibt es Konserven: Lehrmaterial, Filme und Literatur. Und nach wie vor Lehrveranstaltungen mit Anwesenheit im realen Raum. Als Bindeglied fungieren Online-Tutorien und -Seminare, die Live- und Begegnungskommunikation sind, allerdings im virtuellen Raum. Entscheidend für den Erfolg ist die richtige Mischung und eine konsequente Abfolge; quasi eine Melange aus Inhalt, Kanal und Zeit.

Hand aufs Herz: wir sind mitten drin in dem Veränderungs-Prozess, schon immer. Email und Skype schaffen, richtig eingesetzt, zeitliche Freiräume für die realen Begegnungen. Und die wiederum müssen sinnstiften genutzt werden. Eben zum Transport solcher Werte, zur Generierung solcher Wirkungen, die digital nicht möglich sind. Oder um mit dem im Jahr 2000 verstorbenen Maler, Kunstkritiker und Schriftsteller Hans Platschek zu sprechen: Die materielle Präsenz eines Bildes ist nicht transportierbar.

Beitrag zuerst erschienen in: Convention International, 02/2019.

22 Elektrisches Gefühl – was packe ich in meine digitale Toolbox?

Schon wieder digital, schon wieder elektrisch – wo wir doch Begegnungskommunikation und Face-to-Face realisieren wollen. Allerdings kommen wir an den Trends der Branche nicht vorbei; die beschreiben uns die großen Zukunftsforscher ebenso wie das German Convention Bureau. Event der Zukunft von Christiane Varga wurde 2016 publiziert, eigentlich schon überprüfbar, ob das Prognostizierte so eingetreten ist. Ebenso die diversen GCB-Studien, die wir an der Gegenwart spiegeln können. Entwurf und Wirklichkeit sind, wie das bei solchen in die Zukunft gerichteten Beschreibungen ist, häufig dicht beieinander und oft auch nicht.

Spürbar ist, dass Technologie als Treiber tatsächlich viele Veränderungen bereithält. Für das Pop-Up-Labor Digitalisierung des Wirtschaftsministeriums Baden-Württemberg habe ich Berichte über Branchentrends recherchiert; ob das nun der Beitrag Die 111 wichtigsten Trends der MICE-Branche betrifft oder 10 Tools für Konferenzen und Tagungen: besonders präsent sind dort digitale Werkzeuge. Und stets entlang des Hinweises auf eine unvermeidbare digitale Transformation. Was immer damit gemeint ist.

Tatsächlich sind wir mitten in dieser Veränderungs-Situation, das ist Realität, Gegenwart. Kongress-Destinationen und Locations machen sich fit für Alexa, Siri und Kolleginnen: Die Frage Wo kann ich gut tagen? wird dann adäquat beantwortet. Branchenkonferenzen weisen in ihren Einladungen darauf hin, dass der Einlass über eine Gesichtserkennung erfolgen wird. Und kein Stand der begleitenden Fachausstellung, an dem man nicht eine

VR-Brille übergestülpt bekommt. Jürgen Klopp, Cheftrainer des FC Liverpool, wird als Hologramm in eine Pressekonferenz geholt. Drohnen sorgen für beeindruckende Videoaufnahmen, als Teil unserer Veranstaltungsdokumentation. Und Roboter begrüßen uns am Eingang oder bereiten das Rührei am Frühstücksbuffet zu.

Definitiv schwer ist die Entscheidung, welche dieser Tools denn in den eigenen Werkzeugkoffer wandern sollen: zu viel an Studien und Reports, zu wenig an Beispielen und Erfahrung. Da helfen zunächst einige Kriterien, die eine Bewertung schaffen:

- Günstiger, schneller, besser
  Hilft mir das Tool dabei, das gewünschte Ergebnis mit weniger Aufwand zu erreichen? Bin ich damit schneller am Ziel, ist das Resultat gegebenenfalls ein besseres?

  Das ist ein sehr kritischer Maßstab etwa beim Thema Gesichtserkennung: What is in for me? Ist die Einlass-Situation damit besser zu bewerkstelligen, spare ich gegenüber einem normalen Ticket (oder einem Ticket mit QR-Code oder RFID-Chip) Zeit? Gab es bisher Einlass-Staus, die ich so vermeiden kann?

- Support oder Substitution
  Unterstützt das Tool meinen bisherigen Prozess oder löst es vorhandene Werkzeuge ab?

  Gesichtserkennung wird von einzelnen Teilnehmern noch kritisch gesehen, die Preisgabe biometrischer Daten vermieden. So bleibt nur der Support, da das bisherige System nicht vollständig abgelöst werden kann. Mehraufwand, der jetzt noch kritischer unter den Kriterien besser, günstiger, schneller betrachtet werden muss!

- Nachhaltiger
  Dabei denken wir immer an ökologische Aspekte –
  recycelbare Namensschilder und Teller aus Bambus.
  Mit Nachhaltigkeit ist hier die Wirkung gemeint:
  Erhöhe ich die Wirkung, damit auch die Erinnerung,
  durch das Tool?

  Vermutlich ein Pluspunkt für die Gesichtserkennung, ein Gadget, eine technologische Besonderheit.
  Jedoch hilft die Erinnerung daran nicht, wenn sie
  nicht verbunden ist mit dem Inhalt, dem Content der
  Veranstaltung. Darum geht es ja in erster Linie!

- Zielkonformität und Teilnehmerpassung
  Unterstützt das Tool meine Ziele, z.B. Lernen,
  Entscheidungen treffen, motivieren, entwickeln oder
  informieren? Können die Teilnehmer damit umgehen,
  passt es zu den Menschen, für die es gedacht ist?

  Da finden sich für die Gesichtserkennung keine Argu-
  mente – es ist lediglich ein organisatorisches Tool.

In meiner persönlichen Toolbox finden sich auf jeden
Fall die Werkzeuge, mit denen ich die Ziele interaktiv
erreichen kann – also beispielsweise Ideensammlungs-,
Abstimm- und Bewertungssysteme. Daneben Hilfen für
den Matchmaking-Prozess: gute Menschen getroffen zu
haben ist nachhaltig und stiftet Nutzen. Das gilt dito für
die Visualisierung – die beim Verstehen und Erkennen
hilft, Teilnehmer aktiviert und Inhalte transportiert. Hierzu
zählt auch Mixed Reality (die Kombination aus Augmen-
ted Reality und Virtual Reality). Schließlich alles rund um
hybride Events; eine Verlängerung der Veranstaltung in die

Vor- und Nachphase, eine Reichweitenerhöhung durch Streaming und eine Einbindung der Teilnehmer mittels eines virtuellen Dialogs.

Vielleicht gelingt uns dann noch eine wertige Nachbereitung mit Hilfe digitaler Werkzeuge; etwas, das den Tagungs-Band oder die CD-ROM so ergänzt, dass wir noch lange froh darüber sind, dabei gewesen zu sein!

Beitrag zuerst erschienen in: Convention International, 03/2019.

23 Langsames Denken macht froh...

In meinem Ravensburger Büro hängt eine Zeichnung von Olrik Kohlhoff, sie trägt den Titel Langsames Denken macht froh und zeigt einen Schwan, der majestätisch und dennoch entspannt auf einem See dahingleitet. Möglicherweise ließ sich der Künstler von dem Buch Schnelles Denken, langsames Denken inspirieren. Daniel Kahneman, im Jahr 2002 erhielt er den Nobelpreis für Wirtschaft, hat es geschrieben. Darüber möchte ich an dieser Stelle nicht berichten, jedoch darauf hinweisen, dass sich das Lesen lohnt. Wer es kann im Original: Thinking, fast and slow.

Zunächst einmal sollte die Fähigkeit zum Denken an und für sich vorausgesetzt werden. Menschen, die etwa eine Konferenz initiieren, planen und durchführen, sollten durch intensives Nach- und selbstverständlich auch erfahrungsgestütztes Voraus-Denken Konzepte entwickeln, Fehler vermeiden, Ziele definieren und Erfolge schaffen. Klingt herausfordernd, ist es auch durchaus. In einer kleinen Übung stellen wir unseren Erstsemester-Studenten stets den Umgang mit W-Fragen vor: also beispielsweise wer, wann, wieso, wo, womit und worin. Wir sind noch weit entfernt von der Realisierung eines Kongresses oder einer Tagung, wollen aber ganz am Anfang ein tragfähiges Fundament schaffen.

In unserer durchaus schnelllebigen Zeit unterbleibt das noch allzu oft. Ein Budget wird freigegeben und schon machen sich die Verantwortlichen an die Umsetzung. Die Vorstufe des Innehaltens wird vollständig übersprungen, es soll ja jetzt möglichst rasch zu Ergebnissen kommen. W-Fragen werden lediglich vereinzelt gestellt und beantwortet, der Zusammenhang – beispielsweise zwischen den Zielen und der inhaltlichen Gestaltung – nicht ausführlich genug diskutiert und einzelne Bausteine – Catering oder partizipative Elemente – nicht integriert und damit besonders wirksam miteinander verbunden. Und das, obwohl wir im privaten Leben diese Phase sogar oft zu ausführlich gestalten – etwa bei dem Erwerb einer Eigentumswohnung, dem Kauf eines neuen Fahrzeugs, der Urlaubsplanung oder der Festigung einer Partnerschaft durch Eheschließung. Nur kein Schnellschuss!

Zurück zum Titel dieses Beitrags: Selbstverständlich ist damit nicht Trägheit, Lethargie, fehlende Empathie oder phlegmatisches Verhalten gemeint. Langsames Denken steht vielmehr für Besonnenheit, ganzheitliches Verständnis, Weitblick und eine Portion Gelassenheit. Dies schlägt die Brücke zu kollaborativem Anpacken, zu interaktivem Nachdenken, zu Gemeinschaft bei der Konstruktion der konzeptionellen Veranstaltungs-Plattform.

Gestaltende Kreativität wird gebraucht, jedoch erst nach dem ausführlichen – langsamen – Nachdenken. Ein kleiner Handlungs-Leitfaden, der den Veranstaltungs-Schaffenden als Orientierung zur Verfügung steht (und auf den ich schon verschiedentlich in Beiträgen hingewiesen habe) lautet schlicht IDEA:

Dabei steht das I für Investigation, also Recherche oder Erforschung. Nochmals unterstrichen – an erster Stelle, dort wo ich das langsame Denken empfehle. Mit dem Fokus auf die potenziellen Teilnehmer ist Wer sind denn diese Menschen? eine Frage, die hier im Raum steht. Um wieder bei den W-Fragen zu landen, ergänzt um Welche Erwartungshaltung finden wir vor? und Wo können wir sie abholen? beziehungsweise Wie schaffen wir mit ihnen und für sie eine nachhaltige Wirkung?.

Was sich in der Schnittstelle zwischen Investigation und dem anschließenden Schritt Design sehr bewährt hat ist das Moodboard; es speist sich – daran muss an dieser Stelle erinnert werden – aus den Antworten, die wir im Schritt Investigation auf die gestellten Fragen gefunden haben!

So alt wie bewährt ist das Anlegen von Profilen, die, dynamisch, da sich immer (durch langsames Nachdenken) verändernd, eine Sammlung von Attributen der Teilnehmer zeigen. In einer meiner englischsprachigen Vorlesungen zitiere ich den britischen Konferenz-Experten Tony Carey, der mir einmal das Beispiel des Maßanzugs erläuterte: A tailor-made suite requires not only a tailor! Übersetzt und übertragen bedeutet dies, dass ein individuelles Veranstaltungskonzept nicht nur den kundigen und geübten Planer benötigt, sondern auch den Teilnehmer, an dem Maß genommen wird.

Langsames Denken hilft ganz sicher dabei, ausreichend Freiraum für individuelle Gespräche vorzusehen, Catering als ein die Ziele der Veranstaltung unterstützendes Gestaltungselement einzubinden, Teilnehmern ein durchgängiges Gefühl der Wertschätzung zu vermitteln und eine Stimmung zu erzeugen, die eine nachhaltige Wirkung befördert. Und, nebenbei, damit die klassischen Fehler zu vermeiden.

Auf glückliche Gäste, die wir nicht erst beim Debriefing als den wesentlichen Erfolgs-Parameter identifizieren können!

Beitrag zuerst erschienen in: Convention International, 04/2019.

Zum Autor

Stefan Luppold ist Professor an der staatlichen DHBW (Duale Hochschule Baden-Württemberg) Ravensburg; dort leitet er den Studiengang „Messe-, Kongress- und Eventmanagement". Das gleichnamige Institut (IMKEM) hat er 2009 gegründet.

Zuvor war er zwei Jahrzehnte lang in internationale Projekte der Veranstaltungs-Branche eingebunden, darunter bei Messe- und Kongressgesellschaften, Stadien und Arenen, Event-Agenturen, Kultureinrichtungen sowie den Veranstaltungsabteilungen wissenschaftlicher Verbände.

Als Herausgeber und Autor von über 20 Fachbüchern, als Mitherausgeber des 2017 veröffentlichten „Praxishandbuch Kongress-, Tagungs- und Konferenzmanagement" sowie als Referent bei Branchenverbänden und Gastdozent an Hochschulen im In- und Ausland gibt er sein Wissen weiter.